OS DESAFIOS DA EDUCAÇÃO A PARTIR DE
PAULO FREIRE
&
WALTER BENJAMIN

Dados Internacionais de Catalogação na Publicação (CIP)
(Câmara Brasileira do Livro, SP, Brasil)

Agostini, Nilo
  Os desafios da educação a partir de Paulo Freire e Walter Benjamin / Nilo Agostini. – Petrópolis, RJ : Vozes, 2019.

  Bibliografia.

  1ª reimpressão, 2020.

  ISBN 978-85-326-6181-4

  1. Educação 2. Benjamin, Walter, 1892-1940 3. Freire, Paulo, 1921-1997 4. Teoria crítica I. Título.

19-26935 CDD-370.115

Índices para catálogo sistemático:
1. Teoria crítica e educação   370.115

Cibele Maria Dias – Bibliotecária – CRB-8/9427

NILO AGOSTINI

OS DESAFIOS DA EDUCAÇÃO A PARTIR DE
PAULO FREIRE
&
WALTER BENJAMIN

EDITORA VOZES

Petrópolis

© 2019, Editora Vozes Ltda.
Rua Frei Luís, 100
25689-900 Petrópolis, RJ
www.vozes.com.br
Brasil

Todos os direitos reservados. Nenhuma parte desta obra poderá ser reproduzida ou transmitida por qualquer forma e/ou quaisquer meios (eletrônico ou mecânico, incluindo fotocópia e gravação) ou arquivada em qualquer sistema ou banco de dados sem permissão escrita da editora.

CONSELHO EDITORIAL

Diretor
Gilberto Gonçalves Garcia

Editores
Aline dos Santos Carneiro
Edrian Josué Pasini
Marilac Loraine Oleniki
Welder Lancieri Marchini

Conselheiros
Francisco Morás
Ludovico Garmus
Teobaldo Heidemann
Volney J. Berkenbrock

Secretário executivo
João Batista Kreuch

Editoração: Fernando Sergio Olivetti da Rocha
Diagramação: Sheilandre Desenv. Gráfico
Revisão gráfica: Nilton Braz da Rocha / Nivaldo S. Menezes
Capa: Renan Rivero

ISBN 978-85-326-6181-4

Editado conforme o novo acordo ortográfico.

Este livro foi composto e impresso pela Editora Vozes Ltda.

Escrever esta obra,
fruto de acurada pesquisa,
não me foi uma imposição,
mas resultou de um elã,
fruto de um movimento interior
com os pés no chão,
irmanado com o povo sofrido
deste Brasil.
Foi um ato de amor.

Sumário

Prefácio – Luiz Roberto Gomes, 11

Introdução, 25

Parte I – A história a partir dos vencidos e demitidos da vida, 31

1 A história escovada a contrapelo em Walter Benjamin, 33

    1.1 Identificação da barbárie no triunfo e no cortejo dos poderosos, 33

    1.2 O conceito de história, 36

    1.3 As teses *sobre o conceito da história*: a história a contrapelo, 40

2 A história a partir dos condenados da terra em Paulo Freire, 45

    2.1 A contradição opressores-oprimidos: a morte em vida dos esmagados e vencidos, 45

    2.2 A história como um parto de libertação, 49

    2.3 A conscientização: mulheres e homens da práxis que transformam o mundo, 52

3 Entre a memória que redime e a mudança possível, 56

    3.1 Memória e redenção em Benjamin, 56

    3.2 Mudar é possível em Freire, 60

    3.3 Convergências entre Benjamin e Freire, 64

Parte II – A religião em Benjamin e Freire, 69

1 Visão de mundo, 71

    1.1 A influência do judaísmo em Benjamin, 71

    1.2 O aporte do pensamento cristão em Freire, 76

    1.3 O lugar da religião em Benjamin e Freire, 82

2 O desafio da práxis a partir da religião, 88

    2.1 A frágil força messiânica e a participação do ser humano em Benjamin, 88

2.2 A luta pela libertação como ato de amor em prol da humanização em Freire, 92

2.3 O tempo pleno do *kairós* e da libertação em Benjamin e Freire, 95

3 Messianismo e esperança, 100

3.1 A centelha da esperança nos estilhaços do tempo messiânico em Benjamin, 100

3.2 Alimentados pela fé e a esperança: a confiança no povo, segundo Freire, 104

3.3 Uma revolução criadora de vida, segundo Freire e Benjamin, 107

Parte III – Marxismo e materialismo histórico em Benjamin e Freire, 111

1 A apropriação de Marx e do marxismo, 113

    1.1 A obra de Marx e do marxismo, 113

    1.2 A apropriação por Walter Benjamin, 118

    1.3 A apropriação por Paulo Freire, 122

2 O legado da Teoria Crítica da Sociedade, 129

    2.1 O conceito de Teoria Crítica, 129

        2.1.1 Teoria Tradicional, 130

        2.1.2 Teoria Crítica, 132

        2.1.3 O esclarecimento: indústria cultural e mistificação das massas, 136

    2.2 A barbárie: Modernidade e a semiformação, 141

    2.3 Autonomia, emancipação e autorreflexão crítica, 146

3 O materialismo histórico: considerações de Benjamin e Freire, 150

    3.1 As condições e/ou necessidades concretas da existência, 150

    3.2 A sedução do autômato, 154

    3.3 Do determinismo ao ser humano que transcende e supera pela práxis, 159

Parte IV – A educação em Walter Benjamin e Paulo Freire, 165

1 Experiência, memória e educação em Walter Benjamin, 167

    1.1 Walter Benjamin na escola, 167

    1.2 A educação infantil segundo Benjamin, 171

    1.3 Experiência, memória e educação no pensamento pedagógico de Benjamin, 174

2 Leitura, práxis e emersão do sujeito em Paulo Freire, 180
   2.1 Aprendizados na infância pobre, 180
   2.2 O ato de ler: a leitura do mundo, 184
   2.3 O despertar como sujeito: emancipação como emersão crítica e ética, 188
3 Walter Benjamin e Paulo Freire, 194
   3.1 Alimentados pela esperança, 194
   3.2 A crítica à educação burguesa e domesticadora, 200
   3.3 Educar no sentido redentor e crítico: entre o movimento descontínuo e a renovação constante no diálogo, 205

Conclusão, 211

Posfácio – Michael Löwy, 217

Referências, 221

Prefácio

Luiz Roberto Gomes
Dep. de Educação e PPGE – UFSCar
E-mail: luizrgomes@ufscar.br

A temática e as questões suscitadas pela presente obra de Nilo Agostini, *Os desafios da educação a partir de Paulo Freire e Walter Benjamin*, além de muito oportunas, dado o contexto atual do Brasil e também mundial, figuram como uma espécie de "grito de alerta" sobre a condição humana, especialmente nos aspectos concernentes à sua formação.

A pesquisa de pós-doutorado realizada no Departamento de Educação da UFSCar, sob minha supervisão, e que deu origem ao livro, se inscreve no campo da Teoria Crítica da Sociedade, uma tradição intelectual bastante conhecida pela atuação dos autores da Escola de Frankfurt, mas que não se esgota neles.

O aspecto original do estudo está circunscrito nas convergências e transversalidades presentes nas obras de Walter Benjamin e Paulo Freire, tendo como critério epistemológico alguns dos aspectos mais destacados da Teoria Crítica. Cabe salientar, independentemente da filiação teórica, que o pensamento de ambos os autores está vinculado a dois elementos constitutivos da Teoria Crítica, a saber: o comportamento crítico e a orientação para a emancipação, que foram demarcados por Max Horkheimer, em um dos seus mais conhecidos textos, "Teoria Tradicional e Teoria Crítica de 1937"[1].

No pensamento de Walter Benjamin, que fora revisitado em sua vasta bibliografia, o texto fundamental de referência adotado na pesquisa e nas reflexões que integram o livro são "as teses sobre história", com destaque para a de número sete, que embasa uma análise minuciosa de duas ideias fundamentais: "A história a partir dos vencidos" e "Escovar a história a contrapelo".

Em Paulo Freire, também com uma pesquisa bibliográfica de longo alcance, a obra de referência é a *Pedagogia do oprimido*, em que os "oprimidos", os "esfarrapados do mundo", figuram como primeiro plano de sua obra e se assentam como fundamento histórico e epistemológico de sua pedagogia libertadora.

A questão essencial, que ressoa com bastante evidência no presente livro, procura resgatar a dimensão antropológica da cultura, com destaque para reflexões em torno do processo de humanização, que contrasta com ações recorrentes de barbárie na sociedade contemporânea. Especialmente no campo da educação, que ações formativas seriam necessárias, para que a vida e a humanidade sejam preservadas? Os argumentos desenvolvidos pelo autor buscam os seus elementos na leitura crítica e emancipatória do fundamento histórico-cultural, que constitui a sociedade, da qual somos parte.

Trata-se de uma espécie de "empreendimento emancipatório", buscado pelo autor e que exige, no meu entender, a compreensão e suas ações decorrentes de pelo menos três aspectos fundamentais: a noção de crítica, o significado de história e a perspectiva de uma educação libertadora.

No primeiro aspecto, não se trata de uma crítica ao conceito, muitas vezes de orientação metafísica, mas de uma crítica históri-

---

[1] Cf. HORKHEIMER, M. (1987). *Teoria Tradicional e Teoria Crítica*. Coleção os Pensadores. São Paulo: Abril. • NOBRE, M. (2004). *A Teoria Crítica*. Rio de Janeiro: Zahar.

co-cultural, em que a condição humana emerge, como base material da forma como atribuímos sentido as nossas ações culturais. Significa dizer que o livro de Agostini nos apresenta a perspectiva de uma teoria social crítica sobre os processos de reprodução social, e que se manifesta em fenômenos culturais, institucionais e sociopolíticos. Cabe salientar que investigação e análise das condições objetivas da sociedade, como os frankfurtianos da primeira geração a denominavam, constituem, ainda hoje, o programa por excelência do empreendimento científico da Teoria Crítica da Sociedade. Nesse sentido, o projeto epistemológico da Teoria Crítica, desde os trabalhos de seus pioneiros, consiste na consolidação de outra perspectiva de teoria social, capaz de se contrapor à teoria social hegemônica, de natureza positivista, e que Max Horkheimer (1987) denominou *Teoria Tradicional*. Isso implica outra postura em relação à função social da própria ciência, da sociedade e também da escola. Na perspectiva crítica, a teoria se vincula à prática social, enquanto a pesquisa social deve ir além da dimensão da especialidade e transformar-se em ciência interdisciplinar superando, por assim dizer, a limitação instrumental e normativa. A teoria deve ultrapassar, ainda, o recorte meramente especulativo, ou seja, filosófico-social da ideia de sociedade, pela crítica imanente da ordem social "danificada". É na práxis social (MARX, 1978), ou seja, na forma como os homens vivem em sociedade, que é possível compreender e superar as contradições sociais.

No segundo, não se trata de uma história que exalte os vencedores, mas de experiências, de narrativas, de memórias que dão sentido à "autonomia moral" (KANT, 2005). Tal compreensão e orientação epistemológica nos desafia à rememoração do nosso passado, no sentido de Benjamin (1987), com o propósito de elucidarmos, com maior discernimento, a sociedade em que vivemos. No caso do Brasil, seria muito oportuno evidenciar as bases do autoritarismo, do machismo, do racismo, do patrimonialismo, do moralismo, do preconceito e o descaso com o diferente, da exclusão social, da colonização da esfera pública pela privada, da falta de compromisso com o Bem Público, do distanciamento da sociedade civil da vida pública, entre outros aspectos, que não surgem por acaso, mas que são expressões vivas da história cultural de uma sociedade, que é e continuará sendo construída pelas pessoas que fazem dela uma nação.

A memória emancipatória do pensamento crítico, distinto da *doxa* (opinião) ou dos pensamentos forjados pela indústria cultural (HORKHEIMER; ADORNO, 1985), é a base epistemológica do conhecimento filosófico e científico que tem em comum a vocação pela busca permanente da verdade dos fatos, normas e conceitos produzidos historicamente pela humanidade, e que dão sentido à realização de uma vida mais criteriosa, fruto do rigor lógico-investigativo do próprio pensamento humano.

Em uma "Sociedade Global" (BAUMAN, 1999; IANNI, 2002), com mudanças significativas no "Mundo do Trabalho" (ANTUNES; ALVES, 2004) e no "Capitalismo" (SENNET, 2006), amplamente colonizada pela "Indústria Cultural" (HORKHEIMER; ADORNO, 1985) e estruturalmente configurada como "Sociedade do Espetáculo" (DEBORD, 1997), como "Sociedade Excitada" (TÜRCKE, 2010), como "Cultura do Déficit de Atenção" (TÜRCKE, 2016) e essencialmente dessensibilizada pela hiperexposição à imagem da "Cultura Digital" (MAIA; ZUIN; LASTÓRIA, 2015); os princípios, valores e conceitos que embasam o projeto formativo da sociedade, nos impõe formas de mimetização, de embrutecimento da sensibilidade, de empobrecimento da experiência, de reificação e esquecimento; em um processo autoritário, violento e administrado de nossas vidas. A esse respeito é sempre importante retomar o pensamento de Adorno (2008), que em uma de suas últimas lições, precisamente na aula do dia 11/07/1968, foi enfático ao dizer:

> [...] a fraqueza subjetiva da memória que se relaciona com a categoria da "fraqueza do eu" revelada pela

Psicologia constitui um dos traços decisivos da nova heteronomia em formação. "Toda reificação é um esquecimento" e crítica significa propriamente o mesmo que recordação, isto é, mobilizar nos fenômenos o que fez com que estes se tornassem aquilo em que se converteram, para assim apreender uma outra possibilidade de vir a ser e converter-se em algo outro (p. 336-337).

No contexto dessa lúcida reflexão de Adorno, que aponta os limites da formação heterônoma e, ao mesmo tempo, as possibilidades de emancipação, poderíamos dizer, em termos culturais, que a fraqueza subjetiva da memória é inculcada cotidianamente pela "indústria cultural" (HORKHEIMER; ADORNO, 1985), mediante o fomento de "culturas unidimensionais", no sentido de Marcuse (1967).

No terceiro, sobretudo, a partir do pensamento de Paulo Freire e Adorno, uma educação libertadora, pressupõe o desenvolvimento da consciência histórica da realidade, mediante uma formação cultural ampla, que não se limita à educação técnico-instrumental, que predomina e que se manifesta, conforme Adorno (2010), na forma de uma "[...] semiformação socializada, na onipresença do espírito alienado, que, segundo sua gênese e seu sentido, não antecede à formação cultural, mas a sucede" (ADORNO, 2010, p. 8-9).

Isso significa dizer que, embora haja, nos projetos educacionais atuais, o postulado de uma "educação para a autonomia", para a cidadania, para a emancipação, para a *Mündigkeit* (maioridade) no sentido de Kant (2010 e 2006), o uso de tal alegação não resulta necessariamente na sua realização. Adorno (1995, p. 181-182) já indicara a evidência dessa contradição social nos anos de 1960: "[...] a organização social que vivemos continua sendo heterônoma, isto é, nenhuma pessoa pode existir na sociedade atual realmente conforme suas determinações [...]. É claro que isto chega até as instituições", cuja proposição é a educação para a autonomia e emancipação. Nas palavras de Adorno:

Se não quisermos aplicar a palavra "emancipação" num sentido meramente retórico, ele próprio tão vazio como o discurso dos compromissos que as outras senhorias empunham frente à emancipação, então por certo é preciso começar a ver efetivamente as enormes dificuldades que se opõem à emancipação nesta organização do mundo (ADORNO, 1995, p. 181).

A escola atual, espaço social da educação formal-institucionalizada, que funciona como uma espécie de caixa de ressonância das demandas econômicas, sociais e culturais, apresenta-se como o lugar onde se processa a instrução, a educação para a cidadania, a qualificação para o mundo do trabalho, o empreendedorismo, o aprender a ser flexível etc. Sabemos, no entanto, que a educação para emancipação, que integra os objetivos gerais da educação escolar, só se realiza por meio de um processo pedagógico amplo, crítico e autônomo; pois, do contrário, o que se materializa é a "semiformação" (ADORNO, 2010). Nesse sentido, que espaço haveria para a formação da autonomia, se os objetivos e as práticas educacionais são definidos de forma heterônoma, conforme as demandas do mercado? Que tipo de voz é concedido à sociedade, se não se considera as suas múltiplas demandas e experiências culturais?

As reformas educacionais recentes no mundo, especialmente as que estão em curso no Brasil e em outros países da América Latina, têm sido objeto de constante discussão nos meios acadêmicos. Tal tema tem suscitado vários estudos e pesquisas envolvendo desde análises sociológicas mais gerais até observações do cotidiano escolar. Ainda que possamos afirmar que, dentre estes estudos, muitos ainda preservam certo "caráter crítico", é evidente o estado de resignação e descrédito sobre as perspectivas de mudança; tamanha a ingerência e força do capital na educação. Ficamos com a impressão de que há um falso consenso em torno do sentido da educação, pois na América Latina e no Brasil esta tem sido operada para a massificação do ensino, no sentido da adaptação do homem ao *status quo*, especialmente no âmbito de uma lógica ambivalente, que ao mesmo tempo em que forma a força de trabalho exigida pelo capital nos padrões atuais de qualificação do homem flexível (SENNET, 2006), disciplina a pobreza crescente, a frieza (GRUSCHKA, 2014) e a exclusão social (MÉSZÁROS, 2005), cada vez mais naturalizada entre nós.

Observe-se que o sentido ético-político deveria prevalecer na educação, no mesmo sentido apontado por Adorno em 1965, em que: "A exigência de que Auschwitz não se repita é a primeira de todas para a educação" (ADORNO, 1995, p. 119). Esse imperativo pedagógico exige um esforço educacional para além da eficácia prevista pela lógica da acumulação flexível do capital (HARVEY, 1992) por envolver diversos aspectos da formação cultural, tais como: o antropológico, o político, o ético, o social, o econômico, o científico, o tecnológico, o ecológico, entre outros. O grande dilema se refere à possibilidade de realização histórica deste ideal, em contradição a um modelo de sociedade excludente, injusto, competitivo, em que prevalecem os interesses individuais e não coletivos, por mais que isso afete o outro, o planeta e a vida.

Esse falso consenso construído artificialmente, de forma a-histórica; a partir de uma noção de autonomia como competência individual, como capacidade de autoadaptação, de flexibilização, cada vez mais requerida pela cultura do novo capitalismo (SENNET, 2006) e fomentada por vivências educacionais estruturalmente pedagogizadas, no sentido de Adorno (1995), necessita, como antítese, de uma educação comprometida com o mundo, capaz de fomentar a autonomia como desígnio de uma existência política (ARENDT, 2011). A esse respeito, vale destacar as considerações do pensamento filosófico clássico de Aristóteles sobre a educação e que foram descritas na sua *Política*: "[...] como fim único para a cidade toda, é óbvio que a educação deve ser necessariamente uma só e a mesma para todos, e que sua supervisão deve ser um encargo público, e não privado à maneira de hoje" (ARISTÓTELES, 1997, p. 267).

Assim, a orientação para a emancipação, que é a base do pensamento crítico, não pode se contentar com a mera descrição e compreensão da realidade, uma vez que é necessário apontar as possibilidades nela embutidas e não realizadas (HORKHEIMER, 1987; ADORNO, 2008, 2009). Como bem destacou Adorno, em uma das suas últimas aulas, publicada no livro *Introdução à sociologia*, "O melhor que podemos esperar é que nos seja facultada uma certa chance de maioridade emancipatória através do objeto de que nos ocupamos e da liberdade de que dispomos para dele nos ocuparmos" (ADORNO, 2008, p. 310).

É interessante observar, nas informações constantes na pesquisa de Agostini, que a tese de Paulo Freire "educação como ato político" ressoa como necessária e urgente, nesse contexto autoritário de privação de direitos e de ataques à educação libertária. As ideias de Freire, muito bem reconstruídas nesta obra, podem ser o impulso necessário às lutas por uma educação, crítica, dialógica e emancipatória, que devemos travar todos os dias.

Nas palavras de Adorno (1993) proferidas na dedicatória da *Minima moralia*: "Quem quiser saber a verdade acerca da vida imediata tem que investigar sua configuração alienada, investigar os poderes objetivos que determinam a existência individual até o mais recôndito dela" (p. 7), desafio esse que não pode ser superado por formas de reificação e esquecimento como a conversão da política e da educação em um ramo da indústria econômica do entretenimento (OZ, 2017), ou de uma "nova razão do mundo" (DARDOT; LAVAL, 2016), mas sim pela elaboração do passado e do presente, possibilitados pela vigilância e memória viva do pensamento crítico.

Quanto mais envoltos, presos e tutelados pelo sistema os indivíduos se encontram, inclusive com a influência decisiva da educação escolar, mais o domínio do sistema se conserva. Por uma necessidade vital, conforme Kant (2006, p. 11), "O homem é a única criatura que precisa ser educada", pois, diferentemente dos outros animais, necessita de uma "razão própria", capaz de dar sentido a sua própria existência subjetiva e social. Nos termos de Horkheimer e Adorno (1985), no contexto de uma sociedade cada vez mais administrada pela racionalidade técnico-instrumental e pela indústria cultural, a educação crítica é essencial ao homem, pois somente ela pode nos ajudar a romper o véu tecnológico e ideológico do *status quo*. Conforme a argumentação de Adorno (1995), "Um mundo em que a técnica ocupa uma posição tão decisiva como acontece atualmente, gera pessoas tecnológicas, afinadas com a técnica" (p. 132).

A memória de Adorno, com as experiências do Holocausto e do Fascismo, o colocou diante do debate em torno da necessidade de uma "educação para a desbarbarização" (contra a violência e dessensibilização). As conferências radiofônicas e os debates com Hellmut Becker da década de 1960 publicados postumamente em 1971, no livro *Erziehung zur Mündigkeit* (Educação e emancipação), são de fundamental importância para a análise crítica da situação atual da educação emancipatória. Ao formular a questão "Educação, para quê?", Adorno não intencionava discutir "[...] para que fins a educação seria necessária, mas sim: para onde a educação deve conduzir" (ADORNO, 1995, p. 139) e, para tanto, ele considerava fundamental o princípio normativo da maioridade, de um homem autônomo, conforme a exigência crítica de Kant:

> Esclarecimento, "Aufklärung", é a saída do homem de sua menoridade, da qual ele próprio é culpado. A menoridade é a incapacidade de fazer uso de seu entendimento sem a direção de outro indivíduo. O homem é o próprio culpado dessa menoridade se a causa dela não se encontra na falta de entendimento, mas na falta de decisão e coragem de servir-se de si mesmo sem a direção de outrem. *Sapere aude!* Tem coragem de fazer uso de teu próprio entendimento, tal é o lema do esclarecimento (KANT, 2010, p. 100).

Agora, o que esse imperativo significa em termos educacionais? A reflexão de Adorno a esse respeito é muito clara: "[...] não a mera modelagem de pessoas [...], mas também não a mera transmissão de conhecimentos [...], mas a produção de uma consciência verdadeira [...]. Uma democracia com o dever de não apenas funcionar, mas de operar conforme seu conceito, demanda pessoas emancipadas" (ADORNO, 1995, p. 141-142). Trata-se de colocar em prática o ideal kantiano de criação de um espaço educacional para a deliberação e argumentação pública das questões que envolvem a existência humana, mas que não pode ser confundido, hoje, com a capacidade de autoajustamento do homem flexível (SENNET, 2006), como um tesouro a descobrir (DELLORS, 1998), como um meio para se alcançar fins políticos e econômicos. É preciso evitar a ilusão, pois uma sociedade, certamente, não se deixa transformar exclusivamente pela educação; porém, sem ela o homem não se humaniza (KANT, 2006).

Para finalizar, eu diria que o comportamento crítico e a formação para a emancipação são resultado de um longo e rigoroso processo de aprendizagem, que requer a ampla participação da sociedade civil na discussão e apreciação de temas relevantes como a educação. Esta, por sua vez, ainda sob a responsabilidade da geração adulta sobre a mais jovem, deveria ser objeto de um amplo processo de discussão e elaboração histórica das experiências individuais e coletivas da sociedade, a fim de evitar o esquecimento e a reificação de nossas vidas.

A fissura entre dois mundos, de um lado as instâncias representativas do mercado ou até mesmo do Estado (instâncias institucionais do poder público) e, de outro, os anseios da sociedade, exige pessoas autônomas e bem-educadas (formação intelectual e moral), além de uma esfera pública autônoma e qualificada pela participação crítica dos cidadãos.

No caso específico da instituição escolar, seria muito arriscado confiar ao mercado o planejamento e a avaliação dos projetos educativos que são pedagogizados na escola (ADORNO, 1995). A educação, como um BEM PÚBLICO, necessita da crítica como memória e resistência aos interesses privados, camuflados muitas vezes de "públicos". Os rumos da educação não podem ser decididos pela iniciativa privada, como se fosse um negócio (MÉSZÁROS, 2005). Como diria Adorno, no ensaio sobre a Resignação: "É responsabilidade do pensamento não aceitar uma situação como acabada. Se há qualquer chance de mudar a situação, isto se dá apenas por um *insight* não diminuído" (ADORNO, 2017, p. 3). Se preferirmos as palavras sábias de Walter Benjamin (1987), "é preciso escovar a história a contrapelo", se quisermos pensar criticamente, de forma autônoma, o sentido formativo da existência humana.

Referências

ADORNO, T.W. *Resignação*, 2017 [Disponível em http://www.unimep.br/anexo/adm/13032015162050.pdf – Acesso em 02/02/2017].

_____. *Erziehung zur Mündgkeit*: Vorträge und Gespräche mit Hellmut Becker, 1959-1969, herausgeben von Gerd Kadelbach. Frankfurt am Main: Suhrkamp, 2013.

_____. Teoria da Semiformação. In: PUCCI, B.; ZUIN, A.A.S.; LASTÓRIA, L.C.N. (orgs.). *Teoria Crítica e inconformismo*: novas perspectivas de pesquisa. Campinas: Autores Associados, 2010.

_____. *Dialética negativa*. Rio de Janeiro: Zahar, 2009.

_____. *Introdução à sociologia*. São Paulo: Unesp, 2008.

_____. *Educação e emancipação*. São Paulo: Paz e Terra, 1995.

_____. *Minima moralia*. São Paulo: Ática, 1993.

ANTUNES, R. & ALVES, G. As mutações no mundo do trabalho na era da mundialização do capital. *Educação e Sociedade*, Campinas, vol. 25, n. 87, mai.-ago./2004, p. 335-351.

ARENDT, H. *Entre o passado e o futuro*. São Paulo: Perspectiva, 2011.

ARISTÓTELES. *Política*. Trad. Mário da Gama Kury. 2. ed. Brasília: UnB, 1997.

BAUMAN, Z. *Globalização*: as consequências humanas. Rio de Janeiro: Zahar, 1999.

BENJAMIN, W. *Magia e técnica, arte e política*: ensaios sobre literatura e história da cultura (Obras escolhidas, vol. 1). Trad. Sérgio Paulo Rouanet. São Paulo: Brasiliense, 1987.

DARDOT, P.; LAVAL, C. *A nova razão do mundo*: ensaio sobre a sociedade neoliberal. Trad. Mariana Echalar. São Paulo: Boitempo, 2016.

DEBORD, G. *A sociedade do espetáculo*: comentários sobre a sociedade do espetáculo. Rio de Janeiro: Contraponto, 1997.

DELLORS, J. et al. *Educação, um tesouro a descobrir*. São Paulo: Cortez, 1998.

FREIRE, P. *Pedagogia do oprimido*. Rio de Janeiro: Paz e Terra, 2016.

GRUSCHKA, A. *Frieza burguesa e educação*: a frieza como mal-estar moral da cultura burguesa na educação. Campinas: Autores Associados, 2014.

HARVEY, D. *Condição pós-moderna*. São Paulo: Loyola, 1992.

HORKHEIMER, M. *Teoria Tradicional e Teoria Crítica*. Coleção os Pensadores. São Paulo: Abril, 1987.

HORKHEIMER, M.; ADORNO, T. *Dialética do esclarecimento*. Rio de Janeiro: Zahar, 1985.

IANNI, O. *A sociedade global*. Rio de Janeiro: Civilização Brasileira, 2002.

KANT, I. Resposta à pergunta O que é o esclarecimento? In: *Textos Seletos*. Petrópolis: Vozes, 2010.

_____. *Sobre a pedagogia*. Trad. Francisco Cock Fontanella. Piracicaba: Unimep, 2006.

_____. *A metafísica dos costumes*. Lisboa: Calouste Gulbenkian, 2005.

MAIA. A.F.; ZUIN, A.Á.S.; LASTÓRIA, L.A.C.N. (orgs.). *Teoria Crítica da Cultura Digital*: aspectos educacionais e psicológicos. São Paulo: Nankin, 2015.

MARCUSE, H. *Ideologia da sociedade industrial*. Rio de Janeiro: Zahar, 1967.

MARX, K. Para a crítica da economia política. In: MARX, K. *Manuscritos econômicos e filosóficos e outros textos escolhidos*. São Paulo: Abril, 1978.

MÉSZÁROS, I. *Educação para além do capital*. Trad. Isa Tavares. São Paulo: Boitempo, 2005.

NOBRE, M. *A Teoria Crítica*. Rio de Janeiro: Zahar, 2004.

OZ, A. *Mais de uma luz*: fanatismo, fé e convivência no século XXI. São Paulo: Companhia das Letras, 2017.

SENNETT, R. *A cultura do novo capitalismo*. Rio de Janeiro: Record, 2006.

TÜRCKE, C. A Cultura do Déficit de Atenção. In: PUCCI, B.; COSTA, B.C.G.; CAMPOS, N.M.A.S.A.; SILVA, L.B.O. (orgs.). *Atualidade da Teoria Crítica na era global*. São Paulo: Nankin, 2016, p. 18-26.

_____. *Sociedade excitada*. Trad. Antonio Zuin. Campinas: Unicamp, 2010.

São Carlos, março de 2019.

Introdução

Os desafios da educação a partir de Paulo Freire e Walter Benjamin é o resultado de nossa pesquisa de pós-doutorado. A opção por este tema resultou de muitas interrogações anteriormente levantadas em diversos contextos sociais vividos, em meio às práticas e reflexões que permearam e permeiam a minha trajetória pessoal e comunitário-social.

A pesquisa foi realizada no contexto de um pós-doutorado no Departamento de Educação do Centro de Educação e Ciências Humanas (Cech) da Universidade Federal de São Carlos (UFSCar), Estado de São Paulo, Brasil, com estágio no Centre d'Études en Sciences Sociales du Réligieux (César) da École des Hautes Études en Sciences Sociales (Ehess) em Paris, França. Ela carrega uma "ancestralidade" que remonta à graduação de Teologia, realizada em Petrópolis, Estado do Rio de Janeiro, quando fui aluno no Instituto Teológico Franciscano e tive entre meus professores Leonardo Boff, bem como seu irmão Clodovis Boff e um plantel de esmerados docentes que tinham a Teologia da Libertação como um dos eixos básicos da formação e dos estudos. Além disso, era muito intensa nossa inserção nos meios populares, nas comunidades e nas escolas, quer da Serra quer da Baixada Fluminense. O contato com as realidades do povo era direto. Os encontros de reflexão nas comunidades nos levavam a práticas e iniciativas para melhorias locais, alimentando a solidariedade, numa tomada de consciência sobre as situações e as estruturas/engrenagens do sistema capitalista que produziam e reproduziam tais situações.

Quando parti para o mestrado e doutorado na França, junto à Universidade de Ciências Humanas de Strasbourg, no leste daquele país, levei comigo esta experiência e muitas interrogações, elementos decisivos para a escolha dos temas de mestrado, da dissertação do DEA (Diploma de Estudos Aprofundados) e da tese de doutorado. Os temas foram os seguintes: A tomada de consciência como lugar teológico (no mestrado), Conscientização e evangelização na América Latina, segundo as Assembleias de Medellín e Puebla (no DEA) e Conscientização e evangelização no Brasil após o Vaticano II (no doutorado). Nas pesquisas empreendidas, pude mergulhar na leitura da obra de Paulo Freire, já muito valorizado no Brasil, buscando então tecer as convergências entre a conscientização e a evangelização.

Como professor no Programa de Pós-graduação *Stricto sensu* em Educação da USF (Universidade São Francisco), tenho trabalhado nas disciplinas temáticas "O pensamento de Paulo Freire e a educação", "Educação é ética", "Educação, trabalho e classes sociais". No segundo semestre de 2017, como parte das atividades do pós-doutorado, junto ao Programa de Pós-doutorado do Departamento de Educação da Universidade Federal de São Carlos, pude participar, ao lado do Prof.-Dr. Luiz Roberto Gomes, da disciplina Teoria Crítica e Educação. Nessas atividades letivas já surgia a necessidade de abordar os principais eixos teóricos da obra de Paulo Freire e de Walter Benjamin, entre outros, e sua irradiação no campo educacional. As discussões partiam das obras originais dos autores e de estudiosos de sua obra, alimentando a "práxis", enquanto "reflexão e ação dos homens sobre o mundo para transformá-lo" (FREIRE, 2014b, p. 52) e enquanto história escrita a partir das vítimas da sociedade, a contrapelo (BENJAMIN, 2016, p. 245, tese 7).

A escolha de Walter Benjamin e Paulo Freire para a atual pesquisa permitiu recolher a experiência de cada um deles nos embates da história e estudá-los em suas obras, buscando decifrar as convergências e as transversalidades no contexto da Teoria Crítica da Sociedade. Muito me auxiliaram, nesta pesquisa, os supervisores Dr. Luiz Roberto Gomes, da UFScar, onde realizei o pós-doutorado, de agosto de 2017 a agosto de 2018, e o Dr. Michael Löwy, do Césor – Ehess de Paris, onde fiz um estágio de estudos de fevereiro a junho de 2018. A ambos, manifesto o meu reconhecimento e especial agradecimento.

Walter Benedix Schonflies Benjamin, que viveu de 1892 a 1940, foi marcadamente um autor crítico, singular, excêntrico, altamente fecundo. Amigo de Ernest Block, Gershom Scholem, Bertolt Brecht, Adrianne Monnier, Hannah Arendt, Theodor W. Adorno e Max Horkheimer, entre outros, fez parte de uma vanguarda europeia crítica da sociedade em que vivia, em especial pela falta de transformação social, de autonomia e de um pensamento independente. Fruto das reuniões e discussões dessa vanguarda, foi criado o Institut für Sozialforschung, origem da Escola de Frankfurt.

Paulo Reglus Neves Freire, nascido em 1921 no Recife e falecido em 1997 na cidade de São Paulo, realizou uma obra que ele percorreu com os pés no chão, imerso na realidade. Em sua primeira fase, foi leitor de pensadores como o brasileiro Tristão de Ataíde e os franceses Georges Bernanos, Emmanuel Mounier e Jacques Maritain, entre outros. Numa segunda fase, a partir do exílio, tornou-se leitor das obras de Georg Wilhelm Friedrich Hegel, Karl Marx, Friedrich Engels, György Lukács, Erich Fromm, Herbert Marcuse, entre outros. Leitor crítico da realidade de opressão, busca suplantá-la com uma práxis social transformadora. Assume a libertação como impulso para a sua pedagogia, partindo da realidade dos oprimidos, politicamente situado e engajado. Sua proposta tem como eixo a conscientização que se funda na leitura problematizadora do mundo, construída na e pela práxis, ou seja, na ação e na reflexão em vista da transformação do mundo.

Esta pesquisa situa-se no âmbito da Teoria Crítica da Sociedade e será devedora à "distinção" de Walter Benjamin. "Teoria Crítica da Sociedade", termo cunhado por Max Horkheimer[2], encerra em si ou "designa pelo menos três sentidos diferentes: um campo teórico, um grupo específico de intelectuais do Instituto de Pesquisa Social de Frankfurt filiados a esse campo teórico e a Escola de Frankfurt" (GOMES, 2010, p. 286). Benjamin, dentre as diferentes críticas às distintas formas de ditadura (da produção, p. ex.), era, segundo Konder (1999, p. 61), mais afeito a "captar as ambiguidades, as contradições da indústria cultural". Evidentemente que "não basta ser revolucionário e criticar o presente, é fundamental também rever a história – redimir o passado para revolucionar o presente" (SILVA, 2017, p. 15). Nesta linha, situam-se os estudos de Konder (1989) e de Löwy (2005) sobre Walter Benjamin. Em Konder (1999, p. 8), lemos:

> O pensamento só pode enfrentar a tarefa de transformar o mundo se não se esquivar à luta pela autotransformação, ao acerto de contas com aquilo que ele tem sido e precisa deixar de ser. A dialética se atrofia no momento em que se dá por satisfeita, se considera plenamente vitoriosa e se instala em sua vitória, sem refletir seus próprios limites.

Será indispensável passar pelas teses (1940) *sobre o conceito da história* de Benjamin (2016, p. 241-252), ao estabelecer a aproximação, as convergências e as eventuais transversalidades com o pensamento de Paulo Freire. Igualmente, faz-se necessário distinguir as fases de Benjamin, sobretudo a partir de 1924, "com a conclusão de *Tauerspielbuch*", que "representa uma virada bastante radical nas posições de Walter Benjamin: seu olhar se torna politicamente mais

---

[2] O termo "Teoria Crítica da Sociedade" foi utilizado pela primeira vez por Max Horkheimer no artigo "Teoria Tradicional e Teoria Crítica", publicado em 1937 pelo Instituto de Pesquisa Social (Frankfurt, Alemanha). Cf. Gomes, 2010, p. 287.

engajado" (KOTHE, 1976, p. 49). Da mesma forma, Paulo Freire deve ser lido em suas distintas fases, sobretudo após o exílio, quando escreve sua obra-mestra, *Pedagogia do oprimido*, "desafiado pela dramaticidade da hora atual" (2014b, p. 39).

Walter Benjamin e Paulo Freire são, nessa pesquisa, os objetos de uma investigação teórico-conceitual, tendo em vista uma revolução "criadora de vida", a fim de deter a "morte em vida", ou seja, "a vida proibida de ser vida" (FREIRE, 2014b, p. 233).

Justifica-se este trabalho pela urgência de uma práxis ante o processo de desumanização dos pobres, os esfarrapados do mundo, as vítimas da sociedade, que também em nossos dias se encontram impedidos da capacidade de decidir, tolhidos em sua humanidade, sem liberdade. Para isso, relacionaremos os aportes do pensamento de Walter Benjamin e Paulo Freire, captando as convergências e as transversalidades entre ambos. Isso nos permite "rever a história", com "o objetivo de redimir o passado e revolucionar o presente" (SILVA, 2017, p. 15), um desafio que atravessa também a presente hora que vivemos, o "tempo de agora" da história a ser redimida.

Seguem-se também como objetivos: relacionar as noções de "consciência política" de Benjamin e as noções de "consciência de mundo" e "responsabilidade histórica" de Freire; identificar os "vencidos" em Benjamin e os "demitidos da vida" (e expressões correlatas) em Freire; desentranhar em ambos a práxis necessária para a libertação; identificar, de um lado, formas de dominação social e, de outro lado, as possibilidades de transformação social; analisar as contradições entre dominação e luta por libertação e/ou emancipação, em meio à exploração e às resistências a ela; analisar os processos de integração social e das patologias inerentes aos contextos atuais de dominação; analisar criticamente a Modernidade e seus processos de espoliação do ser humano e entronização da mercadoria; empreender uma reflexão sobre problemas específicos da sociedade brasileira, analisados na ótica da teoria crítica em Benjamin e em Freire, aberta a outros aportes; contribuir para o debate atual, estabelecendo uma ponte entre as teorias aqui estudadas e o contexto da vida social de nosso povo e seus problemas; alimentar a esperança, movida pelo sonho, pela profecia e pela utopia, que estimula a transformar o mundo, que impulsiona a práxis, na "marcha esperançosa dos que sabem que mudar é possível" (FREIRE, 2014c, p. 70); estabelecer convergências entre o pensamento de Benjamin e Freire com a teologia judaico-cristã.

Parte I

A história a partir dos vencidos e demitidos da vida

A inserção na história a partir Benjamin e Freire é um empreendimento altamente fecundo e profundamente encravado na realidade. Somos urgidos em descer do pedestal de uma história linear e cômoda, feita a partir dos vencedores, para assumir um olhar crítico a partir dos vencidos e dos demitidos da vida. Para alguns, isto se apresenta como um empreendimento perturbador, causador de perplexidade; para outros, estamos diante de uma história aberta feita de forma crítica e criticizadora, consciente das contradições presentes na sociedade, que conscientiza e politiza, levando mulheres e homens a ler e a escrever a própria história.

1
A história escovada a contrapelo em Walter Benjamin

Longe de reproduzir "o cortejo triunfal que os dominadores de hoje conduzem por sobre os corpos dos que estão prostrados no chão", Benjamin (2016, p. 244, tese 7) propõe "escovar a história a contrapelo", para além da barbárie dos poderosos que só fazem aumentar o número das vítimas.

1.1 Identificação da barbárie no triunfo e no cortejo dos poderosos

Benjamin (2016, p. 244) abre a tese 7 *sobre o conceito da história* com um texto da *Ópera dos três vinténs* de Brecht (2004), no qual se lê: "Pensa na escuridão e no grande frio desse vale, onde ressoam lamentos". O dramaturgo, romancista e poeta alemão Euger Berthold Friedrich Brecht mostra-se distante dos interesses da elite dominante e busca, através de sua obra, discutir as questões sociais de sua época. Esta ópera estreou em Berlim no ano de 1928; é uma crítica à sociedade burguesa que convive e tolera a existência da marginalização, da corrupção e de toda sorte de contravenção.

Os lamentos que cortam esse vale denunciam "a natureza dessa tristeza" que se mostra tão claramente presente na "empatia com o

vencedor", o que leva Benjamin (2016, p. 244, tese 7) a explicar: "Ora, os que num momento dado dominam são herdeiros de todos os que venceram antes. A empatia com o vencedor beneficia sempre, portanto, esses dominadores". E acrescenta:
> Todos os que até agora venceram participam do cortejo triunfal, que os dominadores de hoje conduzem por sobre os corpos dos que hoje estão prostrados no chão. Os despojos são carregados no cortejo triunfal, como de praxe. Eles são chamados de bens culturais (BENJAMIN, 2016, p. 244, tese 7).

O triunfo desses poderosos é revelador do horror da "servidão anônima dos seus contemporâneos", segundo Benjamin (2016, p. 245, tese 7), para quem "nunca houve um documento da cultura que não fosse simultaneamente um documento da barbárie", o que atinge o próprio "processo de transmissão em que foi passado adiante". Não é possível uma leitura positivista da história, propensa a uma identificação, que pode ser até afetiva, com os vencedores; esta se contrapõe à leitura materialista da história, que é crítica e capaz de observar os acontecimentos com o devido distanciamento. Nesse sentido, Benjamin (2016, p. 245, tese 7) afirma que o materialista histórico "se desvia desse processo" positivista e assume como sua a "tarefa de escovar a história a contrapelo".

Esta tarefa não é realizável através do conformismo, quer do historiador servil que se identifica com os dominadores em seu cortejo triunfante, quer do indolente tomado pela acedia, qual sentimento melancólico, fatalista, que se submete à atual ordem das coisas ou ao destino, somando com o vencedor que o subjuga. Benjamin se subleva contra esse historicismo servil, autômato, mecânico, que se curva diante do poder para, segundo Löwy (2005, p. 73), ser "solidário com os que caíram sob as rodas de carruagens majestosas e magníficas denominadas Civilização, Progresso e Modernidade", numa "recusa em se juntar, de uma maneira ou de outra, ao cortejo triunfal que continua ainda hoje a marchar sobre aqueles que jazem por terra".

Na tese 6, Benjamin (2016, p. 243) chama a atenção para o "perigo que ameaça tanto a existência da tradição como os que a recebem", esclarecendo que "ele é um e o mesmo para ambos: entregar-se às classes dominantes, como seu instrumento". Esse perigo perpassa as gerações, sendo que, para Benjamin (2016, p. 243-244), "em cada época, é preciso tentar arrancar a tradição ao conformismo, que quer apoderar-se dela", pois "esse inimigo não tem cessado de vencer".

Benjamin (2016, p. 245), na tese 8, chega a identificar esta situação de opressão como "estado de exceção" que acabou por se tornar para os oprimidos a "regra", pois, no contínuo da história, instalou-se a violência dos vencedores com sua barbárie. Ele está falando em nome dos vencidos, identificando-se com os danados da Terra.

Do ponto de vista dos vencidos, apresenta-se um cenário de derrotas sucessivas; aliás, uma série interminável de derrotas. Parece espantoso, para alguns, que o progresso tão propalado da Modernidade, tão ciosa de si, ainda conviva com tamanha regressão. Outros, porém, do ponto de vista dos vencidos, têm claro que este é um estado de exceção permanente, constituindo-se na regra à qual estão submetidos os pobres e marginalizados; estamos diante de uma história de opressão, na qual progresso rima com catástrofe e o poder se impõe como administração total. A expressão máxima deste totalitarismo, no cortejo dos vencedores, fez-se presente no fascismo, especialmente em sua variante hitlerista; porém, não menos presente no stalinismo soviético, bem como nas ditaduras da América Latina, com suas doutrinas de segurança nacional. Veladamente, o fascismo faz-se presente em países ditos mais civilizados, em conluio com a sociedade industrial e capitalista de nossos dias que entroniza a mercadoria e espolia o ser humano. Isto seria obra do passado? Não, é um contínuo na história, é barbárie, o que exige escovar a história a contrapelo.

Para os nossos dias, o problema central está desvelado: o drama dos pobres, oprimidos, silenciados, relegados aos porões de uma modernidade que entroniza a mercadoria e espolia o ser humano, num domínio do capital, embalado pelo poder tecnológico, com a grande mídia a seu serviço ou em conluio com ele. Por isso, não é possível mais contar a história de maneira linear e acomodatícia, como se estivesse marcada pela continuidade e comandada pelo progresso contínuo. Faz-se necessário contá-la partindo dos que, interrompidos em sua história, sem continuidade, vencidos, serviram para construir o presente. O que desfrutamos hoje foi construído sobre as costas dos vencidos no passado e dos que seguem sendo vencidos no presente, às custas de suas vidas sugadas e de seus ideais derrotados. Por isso, escrever a história a contrapelo, do ponto de vista dos vencidos, torna-se uma exigência fundamental, com a clareza de contrapor-se à identificação com o vencedor.

1.2 O conceito de história

Ao falarmos do conceito de história em Benjamin, especialmente em suas teses, nos encontramos diante de uma obra das mais expressivas do século XX. A filosofia da história de Benjamin só pode ser entendida quando situada no desenrolar da sua obra, tendo presente as três fontes nas quais se apoia, ou seja, o Romantismo alemão, o messianismo judaico e o marxismo. Não se trata de uma pura síntese ou combinação das três perspectivas. Benjamin traz algo de original ou novo em sua concepção de história.

Perspectivas aparentemente incompatíveis entrecruzam-se em Benjamin, sem constituir-se num sistema filosófico. Na verdade, ele escreve ensaios, produz fragmentos. Nele, encontram-se, ao mesmo tempo, o elã da juventude idealista e teológica e as opções mais materialistas e revolucionárias da fase madura. Não estamos, outrossim, diante de uma obra homogênea, pois a descoberta do marxismo, lá pelos meados dos anos 20 do século passado, trouxe novas perspectivas, sem ter deixado de lado as percepções dos primeiros dias.

Como vimos, no desenrolar da obra benjaminiana, três são as fontes na qual se apoia. Temos, inicialmente, o Romantismo alemão que marca a sua fase jovem. Situado no começo do século XIX, o Romantismo é uma escola literária e artística, da qual Benjamin extrai uma visão de mundo, um estilo de pensamento e uma estrutura de sensibilidade, próprios desta escola que vem desde Rousseau e Novalis até os surrealistas e outros posteriores. Trata-se de uma "visão de mundo" (*Weltanschauung*) que perpassa todas as esferas da vida cultural. E o que representa a *Weltanschauung* romântica? Recorremos a Löwy (2005, p. 18-19), estudioso da obra benjaminiana, que nos explica:

> Poderíamos definir a *Weltanschauung* romântica como uma crítica cultural à civilização moderna (capitalista) em nome de valores pré-modernos (pré-capitalistas) – uma crítica ou um protesto relativo aos aspectos sentidos como insuportáveis ou degradantes: a quantificação e a mecanização da vida, a reificação das relações sociais, a dissolução da comunidade e o desencantamento do mundo. Seu olhar nostálgico do passado não significa que ela seja necessariamente retrógrada: reação e revolução são aspectos possíveis da visão romântica do mundo. Para o Romantismo revolucionário, o objetivo não é uma volta ao passado, mas um desvio por este, rumo a um futuro utópico.

No final do século XIX, na Alemanha, o Romantismo figurava entre as formas culturais dominantes. Isto ocorria tanto na literatura como nas ciências humanas, na forma de um reencantamento do mundo, sendo a "volta do religioso" uma vertente importante dentro do conjunto de ideias estéticas, teológicas e historiográficas. Numa de suas primeiras publicações, de 1913, Benjamin (1977, p. 46) deixa claro seu vínculo com a tradição romântica, quando convoca a uma renovação, ao afirmar que a cultura moderna tem conquistas que lhe são inseparáveis, tais como "a vontade romântica de beleza, a vontade romântica de verdade, a vontade romântica de ação". Esta tradição alia arte, conhecimento e práxis, com um forte desejo de renovação, que lhe servirá de base para fazer sua crítica romântica à Modernidade. Esta crítica é feita por Benjamin (1977, p. 16-34) ao progresso que transforma o ser humano em "máquina de trabalho", ajustado à técnica, numa submissão sem mais aos mecanismos sociais que vão se impondo; em nome da evolução e do progresso, degrada-se o trabalho, substituem-se os "esforços heroicos revolucionários" do passado e passa-se a uma letargia, a uma acomodação, num ajuste ao que a Modernidade produziu.

Benjamin contrapõe as imagens utópicas, tanto messiânicas como revolucionárias, ao progresso e sua tendência amorfa. Esse se torna o embate que ele vai travar no decorrer de toda a sua vida. No cerne da concepção romântica, ele cultiva o messianismo, para cuja compreensão cita Friedrich Schlegel nas seguintes palavras: "O desejo revolucionário de realizar o Reino de Deus é [...] o começo da história moderna" (BENJAMIN, 2002, p. 18, nota 3). Löwy (2005, p. 21) pontua que, a partir desta concepção sobre a metafísica da temporalidade histórica,

> Benjamin opõe a concepção qualitativa do tempo infinito (*qualitative zeitliche Unendlichkeit*), "que decorre do tempo messiânico" e de acordo com a qual a vida da humanidade é um processo de realização e não simplesmente de devir, ao tempo infinitamente vazio (*leere Unendlichkeit der Zeit*), característico da ideologia do progresso.

Para a realização do Reino messiânico, há, segundo Benjamin (1921; 1971a, p. 150), uma distância quase instransponível entre a realidade histórica e o messianismo, para a qual ele tece dialeticamente uma ponte que, mesmo frágil, se estabelece na dinâmica do profano, enquanto "busca da felicidade da humanidade livre", imagem buscada em Resenzweig (1982, p. 339) nas "grandes obras de libertação", para quem "o surgimento do Reino de Deus" requer necessariamente "atos de emancipação".

Sem deixar de lado a sua leitura crítica e singular do progresso, Benjamin integra, a partir de 1924, a luta de classes na sua visão do processo histórico, graças à leitura do marxismo, mais especificamente da obra *História e consciência de classe* de Lukács, bem como através do olhar de Asja Lacis[3]. Benjamin (1991c, p. 171) cita a obra de Lukács como a "mais acabada da literatura marxista", por ter captado tanto "a situação crítica da luta de classes" quanto "a revolução" como "precondição absoluta, até mesmo a realização e a conclusão do conhecimento teórico". A revolução é, para Benjamin (1978, p. 205-206), um resultado inevitável ante o progresso técnico e científico, conduzido pela burguesia, cuja evolução histórica leva à catástrofe.

Diferente das posições advindas de um pessimismo revolucionário ou cultural, com ares conservadores, reacionários e pré-fascistas, não estamos aqui diante de uma resignação fatalista, mas de alguém que está a serviço da emancipação das classes oprimidas. Benjamin (1971b, p. 312) chama de "poema de primavera de má qualidade" os programas políticos dos burgueses e dos social-democratas de seu tempo, enquanto as ameaças do progresso técnico e econômico promovido pelo capitalismo pesam sobre a humanidade. Se aqui entrevemos um pessimismo, este é, antes de tudo, ativo, prático e organizado para impedir que advenha o pior, numa crítica às diversas formas de alienação produzidas pelo capitalismo.

---

3 Asja Lacis nasceu em Riga, na Letônia, em 1891 e viveu até 1979. Era uma comunista convicta e diretora de teatro infantil proletário. Sua influência foi determinante para que Walter Benjamin abraçasse as teses marxistas desde que passou a conviver com ela em Capri, em 1924; haviam-se conhecido um pouco antes em Viena, no ano de 1922.

Nos textos de sua última fase (1936-1940), Benjamin desenvolve a sua visão de história, distanciando-se das ilusões do progresso, opondo-se às filosofias burguesas da história. Próximo do marxismo, porém distante de sua terrível variante stalinista, ele busca fomentar o potencial revolucionário que este oferece, elevando o grau de criticidade. As teses *sobre o conceito da história* fazem parte desse contexto em que Benjamin faz soar o "alarme de incêndio" (*Feuermelder*), título de um dos capítulos do livro *Rua de mão única*, que, segundo Löwy (2005, p. 32), "é um dos mais impressionantes textos de Walter Benjamin", constituindo-se num "aviso de incêndio dirigido a seus contemporâneos". É o que as teses pretendem sinalizar de maneira densa e concisa.

1.3 As teses *sobre o conceito da história*: a história a contrapelo

Ao escrever as teses *sobre o conceito da história*, Benjamin (1991a, p. 1.225) declara ao seu amigo Adorno, em carta do dia 22 de fevereiro de 1940, o seguinte objetivo: "Estabelecer uma cisão inevitável entre nossa forma de ver e as sobrevivências do positivismo". Sua crítica direciona-se ao historicismo conservador, ao evolucionismo social-democrata e ao marxismo vulgar. Estamos no contexto da Segunda Guerra Mundial e da ocupação da Europa pelos nazistas. Este contexto e as ideias que permeiam a sua obra estão na base deste "testamento espiritual" que são as teses "sobre o conceito de história". Nelas, revela-se o marxista e o teólogo, numa união entre o marxismo e o messianismo. Esta união é tecida de forma muito original e inovadora; segundo Löwy (2005, p. 37), encontramos aí uma "relação complexa e sutil entre redenção e revolução em sua filosofia da história" que se explicita por uma "afinidade eletiva, ou seja, de atração mútua e reforço recíproco das duas condutas, a partir de algumas analogias estruturais, desembocando em uma espécie de fusão alquímica"[4].

Influenciado por Gershom Scholem (1897-1982), historiador e filósofo judeu, Benjamin sentiu-se atraído por seu pensamento, mergulhando na teologia judaica, com destaque para a relação entre o messianismo e a utopia. Um texto de Scholem (1919-1925), intitulado *Teses sobre o conceito de justiça*[5], contém certamente muito do que inspirou Benjamin. Vejamos uma passagem: "A época messiânica como presente eterno e a justiça da existência (*Daseiendes*), substancial, estão correlacionadas (*entsprechen sich*). Se não existisse justiça, o reino messiânico não só não existiria, como seria impossível" (p. 3).

Na tese 6, em especial, o foco de Benjamin (2016, p. 243-244) é a filosofia da história. Algumas ressalvas são importantes, por exemplo a de Gagnebin (2014, p. 131), quando observa que há "dificuldades na recepção da obra de Walter Benjamin", sendo que uma delas consiste "na ânsia de leitores de nela encontrarem reflexões claras, críticas e engajadas, nitidamente progressistas". É bom notar que nos escritos da juventude, em especial, pensadores conservadores também influenciaram o pensamento benjaminiano; o pensamento destes foi apropriado, pouco depois, pela própria ideologia nazista (como Carl Schmitt, Ludwig Klages, Carl Gustav Jung ou mesmo Nietzsche). Igualmente, por vezes, exaltou-se em demasia a figura de um Benjamin progressista, blindando-o de possíveis críticas. Além disso, Gagnebin (2014, p. 99) nos alerta para possíveis clichês, quando, de um lado, estaria o Benjamin otimista e, de outro lado,

---

4 Benjamin faz alusão ao encontro amoroso de duas almas no romance de Goethe *Afinidades eletivas*, ao qual ele dedicou um de seus ensaios da juventude, *Les affinités électives de Goethe*. Cf. Benjamin, 1971b, p. 160-161.

5 Löwy (2005, p. 37), em suas pesquisas no Arquivo Scholem da Biblioteca da Universidade Hebraica de Jerusalém, encontrou esse documento, ainda inédito, intitulado *Thesen über Begriff der Gerechtigkeit* e datado de 1919-1925.

o Adorno pessimista. Isso nos leva à necessidade de equilibrar as especulações, de manter a criticidade e/ou a dialeticidade.

Benjamin nos traz uma obra guarnecida de uma justaposição de influências inusitadas, fruto de apropriações por vezes distintas entre si, resultado de um perfil eclético de leituras e usos. E ao falar das teses *sobre o conceito da história*, Gagnebin (2014, p. 199) nos alerta para os perigos de transformar Benjamin num "bem cultural", circunscrito numa visão acrítica da cultura, em "mais uma mercadoria cultural, 'cheia de *glamour*'", fazendo "de seus livros novos fetiches de um certo liberalismo de esquerda".

Löwy (2002, p. 199) lembra-nos que Benjamin escapa às classificações habituais (progressista, conservador, revolucionário, nostálgico), para enfatizar que "se trata de um crítico revolucionário da filosofia do progresso, um adversário marxista do 'progressismo', um nostálgico do passado que sonha com o futuro". Descortina-se, na verdade, uma nova compreensão da história. Esta se constitui a espinha dorsal que torna possível compreender melhor toda a sua obra, que vai além da estética de seus escritos ou de Benjamin enquanto historiador da cultura ou crítico literário. Na tese 7, vemos que a exigência fundamental está em "escovar a história a contrapelo". Isto representa colocar-se do ponto de vista dos vencidos, contrariamente à tradição conformista de um historicismo em empatia com o vencedor. E por que não o historicismo? Löwy (2002, p. 203) esclarece:

> O historicismo se identifica enfaticamente (*Einfühlung*) com as classes dominantes. Ele vê a história como uma sucessão gloriosa de altos fatos políticos e militares. Fazendo o elogio dos dirigentes e prestando-lhes homenagem, confere-lhe o estatuto de "herdeiros" da história passada. Em outros termos, participa – como essas pessoas que levantam a coroa de louros acima da cabeça do vencedor – de um "cortejo triunfal em que os senhores de hoje caminham por sobre o corpo dos vencidos" (tese 7).

É bom notar a clareza de Benjamin (1991a, p. 1.244) presente numa das notas preparatórias das Teses, quando ele afirma: "A catástrofe é o progresso, o progresso é a catástrofe. A catástrofe é o contínuo da história". Isso só é compreensível na perspectiva dos vencidos. Por isso, na tese 6, se lê que "esse inimigo não tem cessado de vencer", num sentido que pode ser atual da catástrofe. Sempre crítico ao fascismo, Benjamin (1991a, p. 1.244) aponta para a necessidade de "uma teoria da história a partir da qual o fascismo possa ser percebido" em sua irracionalidade, sendo o reverso da racionalidade instrumental moderna, que combina progresso técnico com regressão social. A série interminável de derrotas catastróficas põe à mostra a barbárie moderna do capitalismo industrial com o seu progresso técnico e científico. Compreender o século XX, "caracterizado pela imbricação estreita entre a Modernidade e a barbárie" é, segundo Löwy (2002, p. 205), "precisamente a fonte do valor singular da filosofia benjaminiana da história".

Para captar a catástrofe não basta ser um historiador da cultura, como se fosse possível separá-la das condições sociais e políticas. Antes, é preciso engajar-se em favor dos oprimidos num despertar da consciência revolucionária. Faz-se necessário, portanto, nadar contra a corrente ou contra a história factual dos poderes estabelecidos, pois esta história não é dialética; antes, é reificada, fetichista e historicista; leva ao culto dos heróis do sucesso, diante dos quais nos curvaríamos como se fossem senhores do sucesso e do progresso. Opor-nos a essa tirania em nome dos vencidos é a tarefa que faz Benjamin "'quebrar', fazer explodir, destruir o fio conformista da continuidade histórica e cultural", assevera Löwy (2010/2011, p. 22), contra "a procissão triunfal, dos despojos que têm por função confirmar, ilustrar e validar a superioridade dos poderosos".

O sistema de dominação social e cultural que vem se perpetuando foi tão astuto e cruel que se apropriou da cultura precedente até ser incorporada como herança cultural dos vencedores que foi passando de mão em mão até ser tomada pela burguesia que se instalou do Renascimento aos nossos dias. Esta barbárie intrínseca da chamada alta cultura afastou os pobres, que foram sistematicamente explorados, apropriando-se do seu trabalho, sem que estes pudessem usufruir dos bens culturais; por isso, esses bens são chamados de "documentos de barbárie", segundo a tese 7, porque são frutos da opressão e da injustiça, de massacres e de guerras, perpetuando a desigualdade imposta na luta de classes. Entendemos que a tese 7 é um convite a decifrar a "rica cultura" dos vencedores no seio da história da luta de classes, desde uma perspectiva revolucionária e crítica, sem deixar no esquecimento os "ancestrais escravizados" e as "gerações derrotadas", confinados nos porões da cultura bárbara.

Em meio a essa herança cultural, segundo Benjamin (2016, p. 244-245), cabe "escovar a história a contrapelo", recusando "a empatia com o vencedor" a desfilar em "seu cortejo triunfal" (tese 7) e descobrir no "tempo de agora" (tese 14) o *kairós*, o tempo histórico pleno, no qual é quebrado ou interrompido o "*continuum* da história*" (tese 15), ou seja, o cortejo triunfal dos vencedores. Isto significa, para Löwy (2010/2011, p. 25-26), "recusar toda identificação com os heróis oficiais", bem como "quebrar a concha reificada da cultura oficial", redescobrindo "os momentos utópicos escondidos na 'herança cultural'". É, segundo Wolin (1982, p. 264), "a preservação e a explicitação do potencial utópico secreto contido no cerne das obras de arte tradicionais que Benjamin considera como a tarefa principal".

2
A história a partir dos condenados da terra em Paulo Freire

Paulo Freire nos traz uma perspectiva desde os condenados da terra ou esfarrapados do mundo, esmagados e vencidos, como realidades históricas que exigem luta pela sua humanização, pela libertação da opressão, especialmente no tocante às estruturas que mantêm esta situação. Trata-se de uma tarefa histórica que supõe inserção crítica na realidade, unindo ação e reflexão em vista de sua transformação.

2.1 A contradição opressores-oprimidos: a morte em vida dos esmagados e vencidos

A violência dos opressores é a causa da desumanização que distorce a vocação do ser humano para ser menos, roubando-lhes a humanidade enquanto vocação histórica. No entanto, para Freire (2014b, p. 41), "a desumanização, mesmo que um fato concreto na história, não é, porém, *destino dado*, mas resultado de uma 'ordem' injusta que gera a violência dos opressores e, esta, o *ser menos*". Para amenizar a dor dos oprimidos, em sua debilidade, os opressores costumam oferecer migalhas de sua falsa generosidade, numa permanência da injustiça que, segundo Freire (2014b, p. 42), "se nutre da morte, do desalento e da miséria".

Freire (2014b, p. 42) contrapõe-se evidentemente a essa falsa generosidade e propõe a verdadeira generosidade, com as seguintes palavras:

> A verdadeira generosidade está em lutar para que desapareçam as razões que alimentam o falso amor. A falsa caridade, da qual decorre a mão estendida do "demitido da vida", medroso e inseguro, esmagado e vencido. Mão estendida e trêmula dos esfarrapados do mundo, dos "condenados da terra". A grande generosidade está em lutar para que, cada vez mais, estas mãos, sejam mãos de homens ou de povos, se estendam menos em gestos de súplica. Súplica de humildes a poderosos. E se vão fazendo, cada vez mais, mãos humanas, que trabalhem e transformem o mundo.

Partindo dos "condenados da terra", é assumida uma luta pela humanidade esmagada dos demitidos da vida, luta que é de libertação à medida que se instaura uma revolução "criadora de vida", a fim de deter a "morte em vida", ou seja, "a vida proibida de ser vida" (FREIRE, 2014b, p. 233). Não é ao acaso que se dará esta libertação, mas será construída e conquistada pela práxis, lutando por ela, perfazendo um caminho que tem que ser feito *com* o oprimido e não *para* ele. Segundo Freire (2014b, p. 42), este é um "aprendizado" que "tem de partir dos 'condenados da terra', dos oprimidos, dos esfarrapados do mundo e dos que com eles se solidarizam".

Apresenta-se, no entanto, um problema no caminho pedagógico da libertação à medida que se constata que o oprimido "hospeda" o opressor, se identifica com ele e reproduz a opressão sofrida, tornando-se um subopressor. Vive na "aderência" ao opressor, fruto de sua "imersão" na realidade opressora com a qual chega a se identificar e até a defender. Faz parte da história de nosso país, por exemplo, desde os senhores das terras, a implantação da autoridade externa, dominadora, com a subsequente criação, segundo Freire (2014a,

p. 96), de "uma consciência hospedeira da opressão". Isso provocou a dispersão, a acomodação, o ajustamento. Em terras onde o mandonismo era a regra dos donos das terras e das gentes, normalizou-se a submissão, num cenário de mutismo nacional. É desta submissão, afirma Freire (2014a, p. 100), "que decorria, consequentemente, *ajustamento, acomodação* e *não integração*".

> O problema do ajustamento e da acomodação se vincula ao do mutismo a que já nos referimos, como uma das consequências imediatas de nossa inexperiência democrática. Na verdade, no ajustamento, o homem não dialoga. Não participa. Pelo contrário, se acomoda a determinações que se superpõem a ele. As disposições mentais que criamos nestas circunstâncias foram assim disposições mentais rigidamente autoritárias. Acríticas. [...] Esta foi, na verdade, a constante de toda a nossa vida colonial. Sempre o homem esmagado pelo poder [...]. Sempre perdido na dispersão tremenda das terras imensas. Perdido e vencido [...]. Assim vivemos todo nosso período de vida colonial. Pressionados sempre. Quase sempre proibidos de crescer. Proibidos de falar (FREIRE, 2014a, p. 100-101).

Esta experiência colonial formou uma primeira base de referências – qual *ethos* – marcada pelo isolamento, pela verticalidade e pela tutela. Esta prosseguiu quando Dom João VI veio para o Brasil e mesmo com a instalação do Império em seguida. É bem verdade que algumas reformas aconteceram com a chegada da corte no Brasil; o "patriciado rural" cede espaço para o poder nas cidades; fizeram-se alguns ensaios com o surgimento de indústrias e atividades urbanas, com a organização de escolas, o aparecimento da imprensa e a abertura de bibliotecas. Mas para o "homem comum" não havia real mudança, nem mesmo quando, segundo Freire (2014a, p. 109), "assistiu bestificado" à proclamação da República. Permanecia, como tônica, a inexperiência democrática, a não participação do povo até se realizarem os primeiros ensaios nos anos 50 e início dos anos

60 do século XX, no sentido de uma "sociedade em trânsito"; esta fase tentou deixar para trás a sociedade reflexa e alienada, objeto e não sujeito, antidialogal, comandada pela elite, para então fazer as primeiras experiências de emersão popular e de democratização, processo que foi interrompido pelo golpe militar de 1964. Novamente, assistimos ao alheamento do povo no processo político, num recuo de sua participação nos destinos do país, travando a experiência democrática. Na atualidade, vivemos embalados pelo fatalismo neoliberal, numa onda de despolitização, cujos mecenas insuflam as consciências de que afinal importam os resultados, transformando a educação num treinamento neutro politicamente, longe dos apelos éticos, num ajuste às estruturas econômicas embaladas, segundo Freire (2014c, p. 65), pela "robustez do poder dos poderosos que a globalização intensificou ao mesmo tempo em que debilitou a fraqueza dos frágeis".

O mercado impõe-se em nossos dias, fazendo do lucro o seu objetivo por excelência. Ele credita às pessoas o valor pelo poder de compra que elas têm; sugere que a história é uma determinação, que a globalização é inexorável e que a miséria é uma fatalidade. Somos incitados a aceitar que agora é assim mesmo, que a realidade é intocável, que somos impotentes, cabendo nos ajustar, nos acomodar aos novos tempos da antiga dominação, hoje travestida pela submissão aos poderes globais. Soma-se a isso os crescentes desequilíbrios entre Norte e Sul, vistos por Freire (2014c, p. 151) como desequilíbrios "entre poder e fragilidade, entre economias fortes e economias fracas", assinalando igualmente para a existência de uma "visão individualista de mundo, do salve-se quem puder", bem ajustada a "uma economia construída de acordo com a ética do mercado".

Em meio a este novo contexto, nos deparamos com um ser humano pressionado a se ajustar ao domínio do neoliberalismo, capturado pelos tentáculos do mercado. Podemos retomar as palavras de Freire (FREIRE, 2014a, p. 59-61), dos anos 60 do século XX, e lê-las como atuais quando afirma que o ser humano vive o "anonimato nivelador da massificação, sem esperança e sem fé, domesticado e acomodado: já não é sujeito. Rebaixa-se a puro objeto. Coisifica-se".

Apresenta-se, enquanto inseridos na história, a necessidade da "luta pela humanização" por parte dos pobres e dos que com eles se solidarizam, pela "libertação a que não chegarão pelo acaso, mas pela práxis de sua busca. [...] Uma luta que, pela finalidade que lhe derem os oprimidos, será um ato de amor, com o qual se oporão ao desamor contido na violência dos opressores" (FREIRE, 2014b, p. 41, 43).

2.2 A história como um parto de libertação

A libertação não é obra dada, mas conquistada. A desumanização imposta pelos opressores inocula uma "morte em vida" que, segundo as palavras de Freire (2014b, p. 233-234), "é exatamente a vida proibida de ser vivida", assim descrita:

> No Brasil e na América Latina em geral, são "mortos em vida", são "sombras" de gente, homens, mulheres, meninos, desesperançados e submetidos a uma permanente "guerra invisível" em que o pouco de vida que lhes resta vai sendo devorado pela tuberculose, pela esquistossomose, pela diarreia infantil, por mil enfermidades da miséria, muitas das quais a alienação chama de "doenças tropicais".

A morte em vida que a alienação impõe traz entre suas características a aderência ao opressor pelo oprimido, à medida que o hospeda, introjeta e reproduz seu modo inautêntico de liberdade. Descobrir-se hospedeiro do opressor, superando a dualidade que o habita, é o primeiro passo de uma tomada de consciência crítica por parte do oprimido. Na luta por libertação, não pode haver uma inversão, ou seja, de os oprimidos serem por sua vez opressores, numa reprodução inclusive do individualismo reinante. A imersão na realidade opressora dificulta ao oprimido o reconhecimento de sua real situação, própria de uma consciência que traz consigo a sombra do opressor, identificando-o como a figura idealizada de homem e de humanidade. O *status* de oprimido, no ajustamento ao qual é submetido, lhe sugere que ir à luta é um desconforto; coloca-se na posição de quem se satisfaz em seguir prescrições. Há até um medo da liberdade. Superar este medo, expulsar a sombra do opressor introjetada significa lançar-se em busca da autonomia, como conquista feita passo a passo, assumindo suas responsabilidades no concreto da história.

> A liberdade, que é uma conquista, e não uma doação, exige uma permanente busca. Busca permanente que só existe no ato responsável de quem a faz. Ninguém tem liberdade para ser livre: pelo contrário, luta por ela precisamente porque não a tem. Não é também a liberdade um ponto ideal, fora dos homens, ao qual inclusive eles se alienam. Não é ideia que se faça mito. É condição indispensável ao movimento de busca em que estão inscritos os homens como seres inconclusos (FREIRE, 2014b, p. 46).

Superar a situação que tolhe a humanidade, confina as pessoas, introjeta a sombra do opressor em sua consciência, ajustando-as a uma "vida proibida de ser vivida", requer o reconhecimento crítico das razões da situação opressora e o engajamento em prol de uma ação transformadora. Isso representa decifrar a engrenagem da estrutura dominadora, assumir ser livres diante dela, assumir os riscos e as ameaças de enfrentá-la, numa convivência autêntica com os demais oprimidos. Expulsando o opressor dentro de si, deixam de ser meros espectadores e assumem a sua capacidade de criar e recriar, num ser mais, enquanto seres de superação, seres de transcendência, capazes de realizar a tarefa própria no resgate da sua humanidade que reside no seu poder de transformar o mundo. Freire (2014b, p. 48) é claro ao afirmar:

A libertação, por isso, é um parto. E um parto doloroso. O homem que nasce deste parto é um homem novo que só é viável na e pela superação da contradição opressores-oprimidos, que é a libertação de todos. A superação da contradição é o parto que traz ao mundo este homem novo não mais opressor; não mais oprimido, mas homem libertando-se.

A consciência de encontrar-se na relação dialética opressor--oprimidos não é suficiente para as mudanças acontecerem; estas só se efetivarão através de uma práxis libertadora que faz da solidariedade uma atitude radical de uma consciência que já não é servil ou quase coisa, mas, segundo Freire (2014b, p. 49), "consciência para o outro" e um "ser para outro", ficando claro que "a solidariedade verdadeira com eles está em *com* eles lutar para a transformação da realidade objetiva".

Isto só é possível porque o ser humano é compreendido como ser que existe no tempo, na relação com o mundo, aberto à realidade, onde trava, segundo Freire (2014a, p. 55-56; 2007, p. 62-64), suas relações nos níveis homem-mundo-outro-Criador e/ou onde vive relações pessoais, impessoais, corpóreas e incorpóreas. Trata-se de um ser situado e datado que traz em si um poder criador; sua relação com o mundo não se reduz a puros contatos, típico dos animais, mas interfere sobre a realidade e modifica-a. Desafiado pela realidade, eis que "organiza-se, escolhe a melhor resposta, testa-se, age" (FREIRE, 2014a, p. 55), descobrindo-se um ser inacabado, capaz de transcender e de discernir, dotado de criticidade, enquanto ser que existe e não apenas vive, ou seja, não apenas está no mundo, mas está nele e com ele, "num domínio que lhe é exclusivo – o da história e o da cultura" (FREIRE, 2014a, p. 58).

Integrado ao seu contexto, não age como espectador, mas desdobra assim sua capacidade criadora, como ser da história e da cultura, interferindo na realidade, ganhando experiência, criando, recriando e decidindo, desenvolvendo uma consciência crítica na luta por sua humanização. Reconhece, porém, Freire (2014a, p. 59-60) que "a sua grande luta vem sendo, através dos tempos, a de superar fatores que o fazem acomodado e ajustado", enfatizando que nisso reside "a luta por sua humanização, ameaçada constantemente pela opressão que o esmaga".

2.3 A conscientização: mulheres e homens da práxis que transformam o mundo

Desvelado o mundo da opressão, toma-se consciência de que ela não desaparece por si mesma. A espera paciente por mudanças, fruto do imobilismo, deverá dar lugar à "radical exigência da transformação da situação concreta que gera a opressão" (FREIRE, 2014b, p. 50). Esta situação concreta está aí como realidade social, objetiva; não existe por acaso. Fruto da ação humana, ela não muda num passe de mágica, ao acaso. Freire (2014b, p. 51) é enfático: "Transformar a realidade opressora é tarefa histórica, é tarefa de homens". A luta pela libertação faz-se através da consciência crítica da opressão concomitantemente ligada à práxis. Faz-se necessário ser vigilantes, pois a realidade de opressão costuma manter as consciências imersas e atuar sobre elas através de mecanismos de absorção, domesticando-as, anestesiando-as. Só uma práxis autêntica será capaz de libertar esta consciência, podendo emergir da domesticação para uma inserção crítica na realidade que se faz pela "reflexão e ação dos homens sobre o mundo para transformá-lo" (FREIRE, 2014b, p. 52).

Nesta práxis, no ato ação-reflexão, em sua unidade dialética, não dicotomizada, realiza-se a conscientização, consistindo, no dizer de Freire (2008, p. 29-33), em "tomar posse da realidade", em ser capaz de um "conhecimento crítico" que simultaneamente se faz "compromisso histórico", o que implica uma "inserção histórica" em que "os homens assumem o papel de sujeitos que fazem e refazem o mundo". Este processo de conscientização é, para Freire

(2008, p. 46), "o primeiro objetivo de toda a educação: antes de tudo provocar uma atitude crítica, de reflexão, que comprometa a ação".

Requer-se uma consciência crítica capaz de estabelecer as correlações causais e circunstanciais dos fenômenos que afetam a vida, presentes na realidade, nas diferentes situações, chegando às engrenagens do sistema que mantém e reproduz tais situações. Este nível de consciência, por sua vez, também não é dado. A captação da realidade pode às vezes se dar de maneira ingênua ou até mágica. Outras vezes, dada a capacidade de absorção dos mecanismos de opressão, pode haver recuos. Enquanto uma consciência mágica atribui aos fatos uma força superior e responde de maneira fatalista, a consciência ingênua até se crê superior aos fatos, se julga livre, sem perceber que está absorvida na malha domesticadora do poder estabelecido. Há também níveis de consciência fanática que levam ao irracional. Imaginamos logo que há uma ação correspondente a cada nível de consciência. Fora do nível crítico, recai-se quase sempre na acomodação, no ajustamento e na adaptação.

A conscientização propõe uma educação, enquanto processo de democratização fundamental, que coloque à disposição do povo meios para que este supere uma captação mágica, ingênua e mesmo fanática da realidade para assumir uma leitura crítica da mesma. Isto significa que a conscientização não é para um período apenas, mas ela é um processo permanente. Sendo uma "atitude crítica dos homens na história, não terminará jamais", diz Freire (2008, p. 46), acrescentando que "a conscientização, que se apresenta como um processo num determinado momento, deve continuar sendo processo no momento seguinte, durante o qual a realidade transformada mostra um novo perfil".

A conscientização realiza-se com mulheres e homens que unem consciência e mundo, não existindo fora da práxis. Dada a inserção crítica na história e o papel de sujeitos assumido, superando a domesticação, eles fazem do ato ação-reflexão, constitutivo da práxis, "o modo de ser ou de transformar o mundo que caracteriza os homens" e as mulheres (FREIRE, 2008, p. 30). Isto implica utopia como reserva crítica e dialética que denuncia a opressão que desumaniza e anuncia a estrutura humanizante. Este processo de conscientização requer conhecimento crítico; exige compromisso de transformação; realiza-se através do engajamento. "Somente os utópicos, segundo Freire (2008, p. 32), podem ser proféticos e portadores de esperança", afirmando: "Por isso mesmo, a conscientização é o olhar mais crítico possível da realidade, que a *des-vela* para conhecê-la e para conhecer os mitos que enganam e que ajudam a manter a realidade da estrutura dominante" (p. 33).

Esta inserção crítica na própria realidade através da práxis sinaliza para o fato de que a realidade não se transforma por si mesma. Os próprios oprimidos são os sujeitos da ação, à medida que no diálogo se solidarizam entre si e buscam lutar por sua redenção. A conscientização realiza-se como pedagogia do oprimido que é, para Freire (2014b, p. 55), "a pedagogia dos homens empenhando-se na luta por sua libertação", assim exemplificada:

> A pedagogia do oprimido, como pedagogia humanista e libertadora, terá dois momentos distintos. O primeiro, em que os oprimidos vão desvelando o mundo da opressão e vão comprometendo-se, na práxis, com a sua transformação; o segundo, em que, transformada a realidade opressora, esta pedagogia deixa de ser do oprimido e passa a ser a pedagogia dos homens em processo de permanente libertação.

Um dos elementos constitutivos da práxis, além da ação, é a palavra, tão necessária na relação dialógica que deve perpassar todo o processo de conscientização e, consequentemente, a própria educação. Freire (2014b, p. 107) é claro ao afirmar que "não há palavra verdadeira que não seja práxis", para acrescentar logo em seguida: "Daí que dizer a palavra verdadeira seja transformar o mundo". No ato de pronunciar o mundo para transformá-lo, a palavra não pode ser dita de maneira solitária, mas ela deve fazer-se diálogo, como exigência fundamental da existência humana. Freire (2014b, p. 109) reserva ao diálogo um lugar de destaque como neste texto:

> O diálogo é uma exigência existencial. E, se ele é encontro no qual se solidarizam o refletir e o agir de seus sujeitos endereçados ao mundo a ser transformado e humanizado, não pode reduzir-se a um ato de depositar ideias de um sujeito no outro, nem tampouco tornar-se simples troca de ideias a serem consumidas pelos permutantes. [...] Porque é encontro de homens que *pronunciam* o mundo, não deve ser doação do *pronunciar* de uns a outros. É um ato de criação [...]. Conquista do mundo para a libertação dos homens.

3
Entre a memória que redime e a mudança possível

Na memória, o passado liga-se ao presente. Capta-se o passado oprimido na sua continuidade histórica, revelador da opressão no presente, apontando para a necessária construção da história à medida que é interrompida a catástrofe presente. A mudança é possível. Importa colocar-se na "marcha esperançosa dos que sabem que mudar é possível" (FREIRE, 2014c, p. 70).

3.1 Memória e redenção em Benjamin

O potencial utópico secreto reside na crítica da cultura do *establishment*, da classe dominante, que tem a tendência de atenuar ou mesmo apagar as chamas da cultura do passado, das vítimas subtraídas pelo conformismo ou simplesmente relegadas aos porões da cultura oficial. Benjamin (2016, p. 243) é claro ao afirmar que há "um perigo que ameaça tanto a existência da tradição como os que a recebem", ou seja, "entregar-se às classes dominantes, como seu instrumento" (tese 6). Por isso, nesta mesma tese, Benjamin acrescenta: "Em cada época, é preciso tentar arrancar a tradição ao conformismo, que quer apoderar-se dela".

A redoma ou concha reificada da cultura oficial precisa ser quebrada para que o potencial utópico dos oprimidos se revele e tome posse da história, redescobrindo, como nos afirma Löwy (2010/2011, p. 25-26), "os momentos utópicos escondidos na 'herança' cultural", levando "em consideração a cultura dos vencidos, a tradição cultural dos oprimidos, a cultura popular desprezada e ignorada pela cultura oficial da elite". É aí que encontramos, para Benjamin (1975b, p. 58), o que "contribui mais à humanização da humanidade" que começa por "despertar no passado as centelhas da esperança" (2016, p. 244) para um engajamento ativo, político, crítico e dialético com relação ao presente, numa conexão com o passado.

Entregar ao esquecimento o passado, sem memória, é entregar ao inimigo a vitória, inimigo que "não tem cessado de vencer" (tese 6), instrumentalizando as massas, numa manipulação desenfreada. Este é o momento de perigo, em meio ao qual a esperança surge qual estrela messiânica, da sublevação revolucionária para vencer o "Anticristo". Encontramos aqui um fundo de referências teológicas, interligando rememoração e redenção. Os conceitos teológicos e seus equivalentes profanos e revolucionários encontram-se articulados numa mesma identidade para falar da intervenção salvadora no passado e no presente, contemplando concomitantemente a história e a política, interligando rememoração e redenção.

Há a necessidade de preservar a memória do que foi jogado nos porões da humanidade e no esquecimento pela historiografia burguesa. Benjamin move-se por uma vontade soteriológica e um desejo de memória. Busca a redenção dos excluídos e dos vencidos. Lança mão, para isso, de uma linguística de origem teológica, de um paradigma de origem religiosa. Ele é extremamente original nesta empreitada, mesmo que podendo ser visto até herético pelas vias institucionais das grandes religiões e suas ortodoxias. Suas intuições levam-no a centrar-se na figura do Messias, pois "apenas Ele é que perfaz todo o advir histórico, no sentido que só Ele liberta, cumpre, leva a cabo a sua relação com o próprio messiânico" (BENJAMIN, 1991b, p. 203). No entanto, o Messias é aquele que "interrompe a história" (tese 17), não para indicar o seu fim, mas para especificar aquele momento de acúmulo de forças opostas que rompe a continuidade histórica fazendo eclodir uma ruptura emancipadora, redentora. Esta ruptura condensa a revolta do passado e a riqueza da tradição dos oprimidos, rompe com o presente e a continuidade histórica da opressão, justamente esta que alimenta o cortejo dos vencedores, e instaura o *kairós*, enquanto força redentora concentrada no presente e força de libertação na ação revolucionária, ambas alimentadas pela memória e pela práxis humana, ambas anunciando o início da ruptura emancipadora, da redenção. Advém o tempo da reparação (*tikkun* em hebraico) "do sofrimento, da desolação das gerações vencidas e da realização dos objetivos pelos quais lutaram e não conseguiram alcançar" (LÖWY, 2005, p. 51). Cabe, no presente, assumir a nossa parte na tarefa da redenção messiânica e revolucionária; esta foi-nos confiada ou atribuída pelas gerações passadas. Esta "força messiânica" está em cada um de nós; é como se fôssemos cada um de nós ou cada geração o Messias, à medida que assumimos, como explica Löwy (2005, p. 51), "uma parte do poder messiânico" e, exercendo-a, buscássemos a emancipação dos oprimidos, "que esperam de nós não só a rememoração de seu sofrimento, mas também a reparação das injustiças passadas e a realização da utopia social".

Trata-se de um combate emancipador que o passado nos exige; para Tiedemann (1973, p. 138) e Löwy (2005, p. 52) "não haverá redenção para a geração presente se ela fizer pouco caso da reivindicação (*Anspruch*) das vítimas da história". Há, portanto, um "dever de memória" (GAGNEBIN, 2014, p. 251), como exigência que vem do passado; há uma "ação redentora" que "se orienta para o presente" (LÖWY, 2005, p. 53). Ambas alimentam o trabalho de elaboração do passado e sua exigência em relação ao presente, para que se instaure a "humanidade restituída, salva, restabelecida"[6]. Isto supõe, segundo Löwy (2005, p. 58), "as transformações revolucionárias da vida material" e, para Gagnebin (2014, p. 257), a "reflexão crítica sobre o presente", bem como a identificação das "possibilidades de luta e de ação".

Benjamin (2016, p. 244) menciona o privilégio do historiador que, diante do inimigo, tem "o dom de despertar no passado as centelhas da esperança" (tese 6), o que exige a "tarefa de escovar a história a contrapelo" (p. 245, tese 7) no presente, para além do conformismo (p. 246, tese 11), da "submissão servil a um aparelho incontrolável" (p. 246, tese 10). Para isso, não podemos desviar os olhos da catástrofe e suas ruínas (p. 246, tese 9), realizando "a libertação em nome das gerações de derrotados" (p. 248, tese 12). O olhar não é somente para o passado; a história a contrapelo e a reflexão crítica sobre o presente coincidem, o que implica afirmar que, ao acender as chamas da esperança, transformam-se o passado e o presente.

Parafraseando as teses *sobre o conceito de história* de Benjamin (2016), trago o seguinte cenário: "A história é o objeto de uma construção, cujo lugar não é formado pelo tempo homogêneo e vazio, mas por aquele saturado pelo tempo-de-agora (*Jetztzeit*)" (p. 249, tese 14); é preciso saber qual é o momento de interromper a catástrofe do presente fazendo "explodir para fora o *continuum* da história" (p. 249, tese 14); essa tarefa é das "classes revolucionárias no momento de sua ação" (p. 250, tese 15). Um perigo ronda essa luta, a de se prostituir a modo dos vencedores no bordel do "historicismo" (p. 250, tese 16). Urge uma "luta pelo passado oprimido" (p. 251, tese 17), fazendo irromper o "tempo messiânico" no tempo de agora (p. 251, tese 18), no qual "se infiltraram estilhaços do messiânico" (p. 252, Apêndice A das teses). É um tempo de "rememoração" ou

---

6 Segundo a versão francesa da tese 3 (redigida pelo próprio Benjamin). Cf. Löwy, 2005, p. 56.

"reminiscência", como para os judeus que, alimentados pela "Torá e a oração", aprenderam a rememoração do passado na sua contínua atualidade, pois "cada segundo era a porta estreita pela qual podia penetrar o Messias" (p. 252, Apêndice B das teses).

3.2 Mudar é possível em Freire

Como ser de relações, o ser humano é visto por Freire como um ser inacabado, finito, situado no tempo e no espaço. Porém, isto não significa que ele seja um ser dado à passividade, reduzido a meros contatos com o seu mundo, como qualquer animal, como se seu existir fosse unidimensional; isto o colocaria na situação de um ajustado e acomodado ao seu mundo, um mero espectador. Se assim o fosse, afirma Freire (2014a, p. 58, nota 6), o ser humano seria alguém "submetido a prescrições alheias que o minimizariam e as suas decisões já não seriam suas, porque resultadas de comandos estranhos".

> Este aspecto passivo se revela no fato de que não seria o homem capaz de alterar a realidade, pelo contrário altera-se a si para adaptar-se. A adaptação daria margem apenas a uma débil ação defensiva. Para defender-se, o máximo que faz é adaptar-se (FREIRE, 2014a, p. 58, nota 6).

Estaria, assim, o ser humano minimizado à esfera animal, estabelecendo meros contatos para fora de si, não havendo nenhuma forma de integração, apenas de acomodação. Estaria renunciando à sua capacidade de decidir. "Expulso da órbita das decisões, diz-nos Freire (2014a, p. 60), as tarefas de seu tempo não são captadas pelo homem simples, mas a ele apresentadas por uma 'elite' que as interpreta e lhes entrega em forma de receita, de prescrição a ser seguida". O resultado, neste caso, é a massificação, o anonimato, a domesticação, sendo o ser humano rebaixado a objeto, obrigado a conformar sua conduta a outros que o esmagam, o paralisam em sua capacidade criadora, não restando senão a catástrofe.

Enquanto ser de relações, ser inacabado, ser finito e indigente, o ser humano existe na temporalidade como ser que transcende, ser que supera. Revela-se um ser que, segundo Freire (2014a, p. 58), "não se esgota em mera passividade", pois, "pelo seu poder criador, o homem pode ser eminentemente interferidor"; aprendendo com "a experiência adquirida, criando e recriando, integrando-se às condições de seu contexto, respondendo a seus desafios, lança-se o homem num domínio que lhe é exclusivo – o da história e o da cultura". Estamos diante de um ser humano que "existe – *existere* – no tempo"; ele, para Freire (2014a, p. 57), "não está preso a um tempo reduzido a um hoje permanente que o esmaga", mas "emerge dele", dando ao seu existir no tempo traços como estes: "Está dentro. Está fora. Herda. Incorpora [...]. Banha-se nele. Temporaliza-se" (p. 57). Ser enraizado e integrado ao seu contexto traz a marca da liberdade, aberto ao novo e, criando, recriando e decidindo, dinamiza seu mundo, exerce um domínio sobre a realidade, humaniza-a. Apresenta-se como fazedor, acrescentando elementos à realidade, marcando com sua presença os espaços; desafiado, responde; ante a ameaça da imobilidade, altera e recria; afinal, faz cultura, pois está em seu lugar, vale repetir, lugar da história e da cultura.

O ser humano traz uma vocação natural de integrar-se ao seu contexto. A esta, agrega-se, afirma Freire (2014a, p. 61), "a necessidade de uma permanente atitude crítica", nascida de um impulso livre que transforma o conhecimento em ação, fazendo do tempo que vive um tempo de opções. No que concerne às opções, Freire busca distinguir os posicionamentos radicais, sectários e fanáticos. Quando ele fala de radicalização, reenvia para o enraizamento necessário na opção realizada, para a inserção histórica, buscando uma resposta positiva e mesmo amorosa à realidade que o desafia. E buscando ser o autor da própria libertação, o radical, para Freire

(2014a, p. 70-71), "submete sempre a sua ação à reflexão", não sendo "mero espectador do processo, mas cada vez mais sujeito, na medida em que, crítico, capta as suas contradições", ao mesmo tempo em que "deve, como sujeito, com outros sujeitos, ajudar e acelerar as transformações, na medida em que conhece para poder interferir".

A postura do radical não é a mesma do sectário e do fanático. Com sentidos muito próximos ou quase idênticos, esses termos – sectário e fanático – são inicialmente reveladores de uma sociedade rachada e revelam a existência de grupos e/ou setores que não se pautam por uma captação crítica da realidade; assim, não captam as contradições da sociedade e descambam para a sectarização. Freire (2014a, p. 70) apresenta a sectarização como preponderantemente emocional e acrítica, identificando nela os seguintes traços:

> É arrogante, antidialogal e, por isso, anticomunicativa. É reacionária, seja assumida por direitista, que para nós é um sectário de "nascença", ou esquerdista. O sectário nada cria porque não ama. Não respeita a opção dos outros. Pretende impor a sua, que não é opção, mas fanatismo. Daí a inclinação do sectário ao ativismo, que é ação sem vigilância da reflexão. Daí o seu gosto pela sloganização, que dificilmente ultrapassa a esfera dos mitos e, por isso mesmo, morrendo nas meias-verdades, nutre-se do puramente "relativo a que atribui valor absoluto"[7].

Os fanatismos primam por separar pessoas e grupos, embrutecendo-os; geram ódios; alimentam a irracionalidade porque dela já estão empanturrados; aprofundam as contradições na sociedade e comprometem a esperança. A consciência fanática costuma estar alimentada pelo mítico e, consequentemente, se ajusta a fórmulas, se adéqua a prescrições, se deixa conduzir. Já não é direcionada pelo

---

[7] Para o que está em aspas no final da citação, Paulo Freire está citando TRISTÃO DE ATAÍDE. *Mitos do nosso tempo*. Rio de Janeiro: José Olympio, 1943.

amor, perdendo o seu poder criador, rebaixada que está à condição de objeto.

A necessidade de lutar pela sua libertação leva mulheres e homens a combaterem o imobilismo e a lutarem pela modificação das estruturas que alimentam a situação que os oprime como ato de amor que, opondo-se à violência dos opressores, busca instaurar a solidariedade. Fruto de uma inserção crítica na realidade, que se faz ação imediata ou concomitante, quebra-se a convivência com o regime opressor e, pelo diálogo, alimenta-se a ação política que é, ao mesmo tempo, ação cultural pela liberdade de mulheres e homens; observe-se que esta libertação não é uma doação, mas fruto da sua conscientização, numa luta por sua emancipação.

Daí por que, para Freire (2014b), "existir, humanamente, é *pronunciar* o mundo, é modificá-lo" (p. 108), lembrando que "não há palavra verdadeira que não seja práxis", que "não seja transformar o mundo" (p. 107), sendo, portanto, um "ato de criação" (p. 110). Alimentado pelo diálogo, como "exigência existencial" (p. 109), esse processo realiza-se no encontro de mulheres e homens em que "se solidarizam o refletir e o agir de seus sujeitos endereçados ao mundo a ser transformado e humanizado" (p. 109). Trata-se de um diálogo alimentado pela "fé nos homens" (p. 112), pela "confiança de um polo no outro" (p. 113), em que "sujeitos se encontram para a transformação do mundo em *co-laboração*" (p. 227). Para Freire (2014c), este é um mover-se no mundo e na história capaz de "transformar o mundo, de dar nome às coisas, de perceber, de inteligir, de decidir, de escolher, de valorar, de, finalmente, *eticizar* o mundo" (p. 35), na certeza de que "mudar é difícil, mas é possível" (p. 63), podendo concluir: "O futuro não nos faz. Nós é que nos refazemos na luta por fazê-lo" (p. 65).

3.3 Convergências entre Benjamin e Freire

Benjamin e Freire sublinham a necessidade de uma inserção lúcida na realidade histórica como tarefa que não pode ser adiada. Benjamin (1986, p. 151-159), em seu texto *A vida dos estudantes*, de 1915, deixa claro que é essencial ter em conta a temporalidade histórica; para ele, há uma "tarefa histórica" a desempenhar, sendo que esta deve ser "crítica" para "libertar o futuro de sua forma presente desfigurada" (p. 151). Freire (2014b), na *Pedagogia dos oprimidos*, sublinha a necessidade de tratar a "dramaticidade da hora atual" (p. 39) "como realidade histórica" (p. 40), sendo que o ser humano "é levado a escrever sua história", "dizendo-se criticamente" (p. 25), aprendendo "a dizer a sua palavra" (p. 25-30).

Ambos escrevem a história a partir dos vencidos ou das vítimas. Benjamin (2016), na tese 12 *sobre o conceito da história*, afirma que cabe à própria classe oprimida, como detentora do conhecimento histórico, "consumar a tarefa de libertação em nome das classes de derrotados" (p. 248). Fazê-lo em nome dos vencidos, no sentido de "escovar a história a contrapelo" (tese 7, p. 245), significa questionar "cada vitória dos dominadores" (tese 4, p. 243), numa rememoração dos apelos do passado (tese 2, p. 242) e na tarefa de redimir as gerações futuras (tese 12, p. 248). Isto requer consciência de classe, oprimida e combatente, cabendo à classe trabalhadora e/ou operária um protagonismo na luta pela libertação. Porém, a tarefa não é fácil. À medida que somos arrastados pelo progresso, fruto da Modernidade, qual tempestade difícil de conter, vemos as ruínas que ele produz, deixando para trás "um amontoado de ruínas" que "cresce até o céu", "uma catástrofe única, que acumula incansavelmente ruína sobre ruína" (p. 246, tese 9).

Freire (2014b, p. 48), sem subterfúgios, aponta para "uma situação objetiva de opressão", à qual estão "submetidos" os "débeis", os "demitidos da vida, os esfarrapados do mundo"; reduzidos a "quase coisa", não conseguem comparecer à luta porque se encontram destruídos. Isso configura um estado de desumanização, pois a humanidade foi roubada, numa distorção da vocação em ser mais, o que, para Freire, é "resultado de uma 'ordem' injusta que gera a violência dos opressores e, esta, o *ser menos*" (p. 41). Freire (2014a, p. 107) analisa os inícios da história colonial brasileira e identifica "uma estrutura social em que o homem vivia vencido, esmagado e 'mudo'". A esta consciência do passado, acrescenta-se a "tragédia do homem moderno", pelo fato de ele estar "hoje dominado pela força dos mitos e comandado pela publicidade organizada, ideológica ou não, e por isso vem renunciando cada vez mais, sem o saber, à sua capacidade de decidir" (p. 60), ao que segue esta afirmação: "Apesar de seu disfarce de iniciativa e otimismo, o homem moderno está esmagado por um profundo sentimento de impotência que o faz olhar fixamente e, como que paralisado, para as catástrofes que se avizinham" (p. 61).

As convergências entre Benjamin e Freire continuam. Ambos mostram as contradições existentes na sociedade mesmo que partindo de contextos diferentes. Benjamin busca demonstrar, numa crítica à Modernidade, a submissão das pessoas ao mecanismo social e, em especial, ante à tão propalada evolução moderna e respectivo progresso. É contundente ao apontar a pobreza que desonra, a indiferença que impera, o esquecimento dos pobres, pois importa a ostentação de mercadorias de luxo que sufocam inclusive qualquer elã espiritual. Eis que, "uma vez degenerada a sociedade, sob a desgraça da avidez", se entrega à "rapina", arrancando "os frutos imaturos para poder trazê-los vantajosamente ao mercado" (BENJAMIN, 2000, p. 26). O olhar de Benjamin (2009) volta-se de maneira direta para as vítimas da civilização urbana e industrial, tornadas autômatos, sem memória, restando a vivência no imediato do dia a dia. Evidentemente, a sua crítica é direcionada à classe dominante que, travestida de muitas formas, é identificada por Benjamin (2016,

p. 241-252), nas suas teses *sobre o conceito da história*, como o "inimigo que não tem cessado de vencer" (tese 6), responsável pela "barbárie" (tese 7), pela "tempestade que chamamos de progresso" (tese 9), pela "subordinação servil a um aparelho incontrolável" (tese 10), pelo "conformismo" e "passividade" das classes trabalhadoras (tese 11), pela "catástrofe" e seu "amontoado de ruínas" que cresce dia a dia (tese 9).

A grande contradição captada por Freire (2014b, p. 41-71) é a dos opressores-oprimidos, marcada pela violência que passa de geração em geração fruto de uma consciência possessiva e necrófila por parte dos opressores. Estes "tendem a transformar tudo o que os cerca em objetos de seu domínio. A terra, os bens, a produção, a criação dos homens, os homens mesmos, o tempo em que estão os homens, tudo se reduz a objeto de seu comando" (p. 63). Alimentados pela ânsia desenfreada de posse, "transformam tudo a seu poder de compra", sendo "o dinheiro a medida de todas as coisas" e o "lucro, seu objetivo principal" (p. 63). Ao converter o ser humano em coisa, tira-se dele o essencial que é a liberdade; estamos diante de uma atitude sádica da consciência opressora, alimentada por uma visão necrófila do mundo; esta vive "um amor à avessa – um amor à morte e não à vida" (p. 64). Isso acontece, segundo Freire (2014c, p. 135), em meio a uma "insensatez que anuncia desastres [...], em face das injustiças profundas que expressam, em níveis que causam assombro", acrescido de uma "transgressão da ética", sobretudo quando comandada pelo mercado, "sob cujo império vivemos" e que se constitui "numa das afrontosas transgressões da ética universal do ser humano". O neoliberalismo tenta hoje impor um discurso que incorpora a recusa do sonho e da utopia, o que sacrifica a esperança, despolitiza a prática educativa e imobiliza a história que, sem futuro, repete o presente. "O presente 'vitorioso' do neoliberalismo é o futuro a que nos adaptaremos", destaca Freire (2014c, p. 142).

Benjamin e Freire apostam na emancipação. Benjamin, num tom de melancolia e de pessimismo, ambos revolucionários, expressa a permanência da catástrofe e seu eventual agravamento, o que se confirmou com o nazismo. Propõe a atualização do passado com a seguinte afirmação: "A concepção materialista da história leva o passado a colocar o presente numa situação crítica" (BENJAMIN, 1991e, p. 588). "Só assim, explica Konder (1999, p. 104), o pensamento poderia escapar à tirania de um movimento que promove a 'eterna repetição do mesmo', que consagra o 'sempre igual'". Para Benjamin (2016, p. 250), na tese 16, faz-se necessário "mandar pelos ares o *continuum* da história". Quem fará isso? Cabe ao materialista histórico substituir a visão linear da história, superar o comportamento de autômatos, deixar de "se esgotar no bordel do historicismo", para, numa perspectiva emancipadora, "permanecer senhor de suas forças" (tese 16), sem se enfeitiçar pelas formas capitalistas de alienação.

Freire (2014a, p. 73-74) afirma que as sociedades alienadas são tomadas pela desesperança, pela autodesvalia e pela inferioridade; tais características "amortecem o ânimo criador dessas sociedades e as impulsiona sempre a imitações", assumindo "posições quietistas", como "espectador do processo", satisfazendo-se em "assistir". No entanto, os processos de conscientização têm mostrado que, quando uma sociedade passa a "se conhecer a si mesma" e a "renunciar à velha postura de objeto, vai assumindo a de sujeito". Freire (2014a, p.74) é claro ao verificar: "A desesperança e o pessimismo anteriores, em torno de seu presente e de seu futuro, como também aquele otimismo ingênuo, se substituem por otimismo crítico. Por esperança, repita-se". Isso representa um processo de crescente participação do povo, de democratização fundamental, de emersão do povo; este, descruzando os braços, exige ingerência, numa ampliação da consciência crítica, problematizadora, capaz de decifrar a história, capaz de "uma reflexão sobre si mesmo, sobre seu tempo, sobre suas responsabilidades" (2014a, p. 80). Em sua obra *Pedagogia do oprimido*, Freire (2014b, p. 105) sublinha o quanto é decisiva uma consciência crítica e problematizadora, pelo seu caráter histórico, identificando nela um "quefazer humanista e libertador", sendo que "o importante está em que os homens submetidos à dominação lutem por sua emancipação".

Contextos diferentes, mas com situações humanas cotejadas por convergências impressionantes, levam Benjamin e Freire a se colocarem a serviço da libertação e emancipação das classes oprimidas, dos vencidos, dos esfarrapados do mundo. Ambos têm em conta situações humanas de desumanização gritantes pela opressão que se impõe sobre os pobres. Os campos de concentração nazistas são uma das catástrofes-limite que uma civilização conseguiu perpetrar, segundo a leitura de Benjamin. A opressão, com o alheamento do povo na construção do país, alimentada por irracionalismos sectários, sempre tem desferido golpes contra formas autênticas de participação do povo brasileiro, segundo Freire. Prosseguindo nossa pesquisa, vamos recolher outros elementos que elucidarão essa luta de ambos na defesa do ser humano, de sua humanidade, de sua emancipação.

Parte II

A religião em Benjamin e Freire

O pensamento de Walter Benjamin e Paulo Freire é permeado de fortes ligações com a religião, quer com o judaísmo quer com o cristianismo. Cada um a seu modo, estabelecem ligações e religações com a religião a tal ponto que esta deixa rastros em seu modo de pensar, em seu agir, entremeando suas visões de mundo e o modo como vivem o desafio da práxis. Benjamin percorre o caminho do messianismo, como eixo que dá consistência ao seu pensamento e alimenta a sua luta em prol dos vencidos. Freire perfaz o caminho da esperança, do amor e da fé na luta pela humanização e pela libertação dos homens e das mulheres.

1
Visão de mundo

Conceitos teológicos, sobretudo o messianismo, marcarão a obra de Walter Benjamin. O pensamento cristão, em especial dos pensadores franceses e Tristão de Ataíde do Brasil, será uma referência determinante para Paulo Freire. Torna-se indispensável ver como um e outro tecem suas aproximações com o fenômeno da religião, as distinções que introduzem, bem como os elementos críticos que balizam o seu pensamento e fundam a sua visão de mundo enquanto referenciado à religião.

1.1 A influência do judaísmo em Benjamin

Perguntar pela influência do judaísmo em Benjamin é mergulhar nos meandros de uma trama que revela os segredos da construção do seu pensamento, da sua visão de mundo, especialmente a sua compreensão da teologia, da religião, dos excluídos e vencidos, do messianismo e do materialismo histórico. Há quem veja no itinerário feito por Benjamin uma forma de "escovar o judaísmo a contrapelo" (CHAVES, 2000); outros, identificam a realização de um único pensamento unindo marxismo e messianismo (LÖWY, 2005, p. 36). Há, igualmente, uma questão de fundo muito candente na vida de Benjamin que é a do sionismo; a correspondência com Gershom Scholem atesta isso (SCHOLEM, 1993). Esclarecer a distinção entre religião e teologia apresenta-se igualmente como um caminho que nos permite desvelar a influência do judaísmo em Benjamin (GAGNEBIN, 1999). São igualmente reveladores os traços do messianismo de corte judaico que perpassa a sua obra, especialmente no tocante à sua filosofia da história (MILMAN, 2003).

Deixemos que o próprio Benjamin nos indique o caminho que ele perfaz; destacam-se, já em sua juventude, as discussões em torno do sionismo, quando identificamos a primeira grande confrontação de Benjamin com a identidade judaica. A sua correspondência com o escritor sionista Ludwig Strauss, datada de 1912, retrata bem essa fase, bem como toda a correspondência com Gershom Scholem; com este, ele "descobre o mundo espiritual do judaísmo, cujas fontes literárias e conceitos teológicos fundamentais marcarão o seu pensamento de maneira determinante" (MOSÈS, 2015, p. 25). Nesse contexto, Benjamin (1995) trava as primeiras discussões sobre o sionismo; em meio às questões aí suscitadas, ele defrontou-se com a opção de emigrar para o que seria pouco depois o Estado de Israel ou a opção de permanecer na Alemanha. Em meio às discussões sobre a "germanidade" e a "judeidade", Benjamin manifestara o seu ceticismo sobre a ideia da criação de um Estado judeu como sendo uma real renovação para o judaísmo, não estando de acordo com o fato de depositar aí todas as esperanças. Preferiu permanecer na Europa e fomentar um movimento judaico pelo viés literário.

Marcante para Benjamin, bem como para a comunidade judaica em geral, foram as *Três conferências sobre a judeidade*, de Buber (1982), proferidas em Praga, em 1909, 1910 e 1911, no círculo de estudantes judeus, nas quais propõe a renovação do judaísmo, tornando-se referência nos meios judaicos da época. Martin Buber buscava um judaísmo "autêntico" e "verdadeiro" em oposição ao judaísmo "oficial", não se apegando tanto à doutrina; propunha o judaísmo como experiência interior. Benjamin (1995, p. 69), como ele mesmo expressara numa de suas cartas, teve uma educação liberal, numa família muito assimilada à cultura alemã e cristã; afirmava conhecer do judaísmo o antissemitismo e uma piedade indeterminada. Benjamin viveu, mais tarde, um período afastado do judaísmo; ficou-lhe, porém, uma experiência marcante, a de um internato rural, onde permaneceu durante um ano e nove meses; lá conhecera o Dr. Gustav Wyneken, fundador, mais tarde, da Associação Escolar Livre de Wickersdorf. Esta experiência permitiu-lhe interiorizar um traço da "essência dos judeus", no dizer de Buber, que é a solidariedade; ao mesmo tempo, trouxe a convicção de que é a ação, mais do que a crença, que faz o ser humano imagem e semelhança de Deus. Essa experiência trazida no contato com Wyneken e as ideias que então elaborara tornaram-se a "medida" para a sua vivência mais decisiva coligada ao judaísmo ou a ele aplicadas. Benjamin (1995, p. 84) foi crítico de um judaísmo apenas de ideias que não alcançam a matéria, que não chegam ao chão. Nisso, se preparou o que o levaria até o materialismo histórico. Benjamin cultivou, ao mesmo tempo, uma ideia cosmopolita do judaísmo, em oposição ao sionismo. Daí advém o seu assentimento a uma cultura judaica e à importância de seus literatos, contrário porém a todo tipo de nacionalismo, inclusive judeu; tinha consciência de que não deixava de ser judeu por não ser sionista. Sua aproximação com o judaísmo não se deu tanto pela via oficial, mas sobretudo pela mística. Entendemos, então, que ele se recusara ir à Palestina em 1920, resultado também de sua aproximação com o marxismo. A ideia de poder ser um cosmopolita e um bom judeu-alemão caiu por terra após Auschwitz, como "o fim, quando uma esperança, uma crença, uma confiança finalmente deve ser sepultada. [...] Isso foi uma ilusão" (apud SCHULTE, 1993, p. 7).

Benjamin mergulha no judaísmo especialmente pela via da mística. O seu amigo "Gershom Scholem vê nele um dos últimos representantes da autêntica tradição mística judaica" (GAGNEBIN, 1999, p. 191). Logo na primeira tese sobre o conceito da história, aparecem o messianismo junto com a teologia na junção com o materialismo histórico. As interpretações variam, desde aquela em que a teologia rege a história e, consequentemente, o materialismo histórico, até a que afirma ser a teologia uma simples serva da filosofia. No entanto, Benjamin é movido por uma vontade soteriológica; faz da memória e da opção pelos excluídos e vencidos uma crítica contundente da historiografia burguesa, numa convergência do paradigma religioso com as convicções políticas de esquerda que, na percepção bejaminiana, se fortalecem mutuamente. O *Fragmento teológico-político* de Benjamin (1921; 1971a) atesta, já no início de seu itinerário, a capacidade de unir o paradigma religioso ao seu pensamento, o que prepara o cenário no qual escreverá as teses *sobre o conceito da história*.

A teologia vai ocupando uma importância crescente na obra de Benjamin, porém de uma forma distinta da religião, diante da qual mantém uma certa distância crítica, como veremos ainda. A teologia, "pequena e feia", conforme a tese 1 *sobre o conceito da história*, apresenta-se humilde, discreta, parecendo efêmera, porém firme na fragilidade, indispensável para assegurar a vitória. Não desdenha do profano; pelo contrário, é o profano guardado pelo sagrado, qual memória que guarda o "advir histórico" (BENJAMIN, 1921, 1971a), qual Messias que se revelará quando já não mais houver separação entre sagrado e profano, numa junção do histórico e do messiânico, libertos, portanto, da separação para, enfim, o histórico ser orientado pelo messiânico, o profano pelo sagrado, numa relação essencial com a teologia, enquanto dinâmica profunda que habita o humano e perpassa sua linguagem, sem que esta consiga esgotar o sentido aí presente. Na teologia, guardam-se significados insondáveis e indizíveis, assim como Deus o é, em primeiro lugar, assim como o é o mundo em sua beleza e em seu sofrimento. Diz-nos Gagnebin (1999, p. 200) que "o uso correto da teologia lembraria assim, contra a *hybris* dos saberes humanos, que nossos discursos são incompletos e singulares, e vivem dessa preciosa fragilidade".

Em Walter Benjamin, a teologia não é mero apêndice do materialismo histórico; ela ocupa um lugar assim descrito: "Meu pensamento está para a teologia como o mata-borrão está para a tinta: ele está completamente embebido dela. Mas se fosse pelo mata-borrão, nada restaria do que está escrito" (BENJAMIN, 1991a, p. 1.235)[8]. Para Löwy (2005, p. 44), encontramos neste texto "mais uma vez, a imagem de uma presença determinante – mas invisível – da teologia no cerne do pensamento 'profano'". O significado da teologia remete a dois conceitos fundamentais na obra benjaminiana: a rememoração (*Eingedenken*) e a redenção messiânica (*Erlösung*). Estes são essenciais para o conceito de história presente nas teses.

Encontramo-nos numa errância que exige um exercício paciente de desapego, num reconhecimento de que vivemos na precariedade e na incompletude, o que abala as certezas e as pretensas seguranças. O paradigma teológico surge como desestabilizador para preservar a possibilidade de salvação. Daí a necessidade da aliança, segundo a tese 1 *sobre o conceito da história*, entre o boneco ou fantoche, isto é, o materialismo histórico, e o anão, ou seja, a teologia, para poder vencer a luta contra a ideologia do progresso, as classes dominantes e o fascismo nelas incrustado, livrando o proletariado e as forças de esquerda de "crenças" que alimentam ilusões, desvirtuando a leitura correta da história, condição para "ganhar a partida" e a revolução triunfe.

O desenvolvimento do pensamento de Walter Benjamin gira em torno de dois fios condutores que são tecidos conjuntamente, ou seja, a teologia judaica e o materialismo histórico. Para Mosès (2015, p. 37), "a questão não é de determinar qual dos dois aspectos – o teológico ou o materialista – é o significante e o significado, mas é mais em que medida um e outro visam o mesmo objetivo utópi-

---

[8] A tradução é de Pinho, 2008, p. 17.

co". Com relação à influência do judaísmo em Benjamin temos as seguintes palavras:
> É notável que o ponto de vista de Benjamin sobre o judaísmo tenha permanecido para o essencial inalterado durante toda a sua vida. Claro, o acento colocado sobre este ou aquele aspecto se deslocou, e de maneira importante, mas a atitude fundamental permaneceu sempre idêntica (MOSÈS, 2015, p. 23).

1.2 O aporte do pensamento cristão em Freire

A vida e a obra de Paulo Freire guardam uma relação estreita com o pensamento cristão. Ao descrever ele mesmo sua vida e experiência, Freire (2008, p. 15-18) nomeia sua mãe como católica, que "confia em Deus e sua bondade", e seu pai como espírita, "extremamente bom, capaz de amar", destacando o seguinte:
> Com eles, aprendi o diálogo que procuro manter com o mundo, com os homens, com Deus, com minha mulher, com meus filhos. O respeito de meu pai pelas crenças religiosas de minha mãe ensinou-me desde a infância a respeitar as opções dos demais. Recordo-me ainda hoje com que carinho escutou-me quando disse-lhe que queria fazer minha Primeira Comunhão. Escolhi a religião de minha mãe e ela auxiliou-me para que a eleição fosse efetiva.

Quando jovem, afastara-se da Igreja "por um ano", porém "nunca de Deus", sublinha Freire (2008, p. 16), acrescentando que a ela retornou "através, sobretudo, das sempre lembradas leituras de Tristão de Ataíde[9], para quem, desde então – afirma ele – nutro

---

9 Tristão de Ataíde é o pseudônimo utilizado por Alceu Amoroso Lima (1893-1983), que foi um crítico literário, professor, pensador, escritor e líder católico brasileiro. Converteu-se ao catolicismo em 1928, tornando pouco depois um líder da renovação da Igreja Católica no Brasil. A ele deve-se a fundação, em 1932, do Instituto Católico de Estudos Superiores e, em 1937, da Universidade Santa Úrsula no Rio de Janeiro, participando, em 1941, da fundação da Pontifícia Universidade Católica do Rio de Janeiro. Foi um dos representantes do Brasil no Concílio Va-

inabalável admiração". E faz questão de, logo em seguida, agregar: "A estas imediatamente se juntariam as leituras de Maritain, de Bernanos, de Mounier e outros" (p. 17). Estes são pensadores católicos franceses que, entre outros, valorizavam a democracia participativa como forma de o povo ser senhor de si mesmo, garantindo-lhe autonomia, com forte presença do Estado no social. Este pensamento francês influenciou o movimento da Ação Católica no Brasil, entre os anos de 1954 e 1964, com especial repercussão na Juventude Universitária Católica (JUC), cuja atuação se fez sentir na sociedade brasileira; a JUC participou, por exemplo, diretamente da política universitária e fez-se presente, de maneira muito dinâmica, na educação popular. Paulo Freire estava em contato com esse cenário de ideias, assim descrito por Souza (2004, p. 86):

> A influência de Maritain foi decisiva, nesse momento, para a superação de uma visão clássica de cristandade [...]; iria introduzir a célebre distinção entre "agir como cristão" (opção individual dos cristãos na política) e "agir enquanto cristão" (ação da Igreja como tal). [...] Minha geração da JUC [...] teve uma influência diferente de outro intelectual católico francês, Emmanuel Mounier. [...] A prática política seria uma tarefa comum de cristãos e de não cristãos, aqueles procurando apoio no Evangelho, mas sem querer apropriar-se dele ou reduzi-lo a suas opções políticas particulares. Haveria uma irredutibilidade da fé a uma posição político-ideológica determinada, ainda que esta precisasse daquela como iluminação. Uma consequência seria um pluralismo político e a militância de cristãos em vários partidos e movimentos.

No meio deste borbulhar de ideias e do despertar de uma consciência nacional, o trabalho de Paulo Freire chega ao Rio de Janeiro, São Paulo e Brasília e começa a se espalhar pelo país. Conhecido

---

ticano II. Destacou-se como um dos fundadores do movimento democrata cristão do Brasil, sendo um símbolo de intelectual progressista, crítico do regime militar instaurado em 1964.

por seu método de alfabetização que parte da realidade existencial das pessoas e permite modificar o nível de consciência dos alunos, o método de alfabetização de Freire encontrou o apoio de vários movimentos, dentre os quais o Movimento de Educação de Base (MEB) da Igreja Católica[10]. Segundo nossas pesquisas, o neologismo "conscientização", que Paulo Freire reconhece não ter sido o criador, foi justamente criado quando o MEB somou esforços com o Movimento de Natal no Trabalho de Assistência Rural (SAR), promovido pela Diocese com sede na capital potiguar (AGOSTINI, 1990, p. 95). É bom notar que o MEB, como iniciativa da Conferência Nacional dos Bispos do Brasil, foi adotado pelo governo do Presidente Jânio Quadros, através do Decreto n. 50.370, de 21 de março de 1961, comprometendo-se a fornecer os recursos necessários à aplicação do projeto, através do Ministério da Educação e Cultura.

O pensamento cristão e a obra de Paulo Freire se cruzavam em meio a essa busca comum por uma educação que supunha a participação consciente do povo e sua participação no desenvolvimento do país, numa perspectiva em favor dos oprimidos. "Os grupos reacionários não podiam compreender que um educador católico se fizesse representante dos oprimidos; com maior razão lhes era impossível admitir que levar a cultura ao povo fosse conduzi-lo a duvidar da validade de seus privilégios" (FREIRE, 2008, p. 20-21). Francisco C. Weffort, prefaciando o livro de Freire (2014a, p. 18) afirma: "Todos sabiam da formação católica de seu inspirador e de seu objetivo básico: efetivar uma aspiração nacional apregoada, desde 1920, por todos os grupos políticos, a alfabetização do povo brasileiro e a ampliação democrática da participação popular".

---

10 Concomitantemente ao MEB, atuaram no trabalho de educação os Centros Populares de Cultura e os Movimentos de Cultura Popular. Paulo Freire foi um dos colaboradores do Movimento de Cultura Popular de Recife durante seus primeiros anos de funcionamento (AGOSTINI, 1990, p. 55).

O golpe militar de abril de 1964, que paralisou todo este esforço de educação, foi uma resposta das elites que não admitiam uma educação para uma consciência crítica, que abrisse a possibilidade para que o povo escolhesse o próprio caminho. Exilado, Paulo Freire vai ao Chile, onde implantou, em 1965, o seu método de alfabetização-conscientização, elogiado pela Unesco, que citou no Chile como exemplo (HUMBERT, 1982, p. 19). Após o trabalho do Chile, Freire teve uma passagem pelos Estados Unidos, na Universidade de Cambridge (Massachusetts), para lá discutir as questões terceiro-mundistas. Em 1968, o pedagogo brasileiro foi convidado a colaborar com o Conselho Ecumênico das Igrejas, com sede em Genebra, e, em 1969, aceitou o convite do Instituto Ecumênico a serviço do Desenvolvimentos dos Povos (Inodep), de Paris, para colaborar com suas atividades, onde foi eleito presidente da entidade em 1970. É bom notar que, em 1973, Paulo Freire funda, em Genebra (Suíça), o Instituto de Ação Cultural, com uma equipe inicialmente brasileira. É notório o contato com o cristianismo, de forma ecumênica nessa fase do exílio, onde setores importantes de religiosos buscavam igualmente uma renovação no campo educacional. Isso permitiu a Paulo Freire continuar seu trabalho por uma educação conscientizadora, uma educação como prática da liberdade, uma educação como "instrumento de libertação no processo de mudança social" (HUMBERT, 1982, p. 21). Por isso, é muito comum encontrar na obra de Freire citações de autores cristãos e de documentos da Igreja.

Leitor dos pensadores cristãos franceses que defendem um cristianismo social e uma visão personalista integral (Maritain, Bernanos, Mounier, entre outros), que tem Tristão de Ataíde como interlocutor no Brasil, Freire (2014a, p. 55) constrói, desde o início, uma visão integral do ser humano, a partir do conceito de relações, o que lhe dá uma compreensão do humano enquanto um ser aberto a uma pluralidade de dimensões, aberto à transcendência, capaz de criticidade, de consequência e de temporalidade, o que distingue o ser humano da esfera animal, esta regida por puros contatos. O conceito de relações requer necessariamente o diálogo, outro conceito indispensável para a compreensão freireana de educação, o que o levará a ser vigilante a qualquer forma apequenada ou reducionista desta compreensão. O ser humano constitui-se, segundo Freire (2014a, p. 55), num ser que "está *com* o mundo", o que "resulta de sua abertura à realidade, que o faz ser o ente de relações que é", acrescentando: "Isto o torna um ser capaz de relacionar-se; de sair de si; de projetar-se nos outros; de transcender" (FREIRE, 2007a, p. 30).

Encontra-se, no pensamento de Paulo Freire, a influência de Maritain (1936; 1956), sobretudo "quando este coloca em relevo a primazia do homem em sua relação com os outros seres vivos que compõem a natureza, seja porque ele é dotado de razão, seja porque ele se refere a características culturais derivadas de sua natureza histórica" (AGOSTINI, 1990, p. 100, nota 23). De Mounier (1948), o pedagogo brasileiro busca as noções de pluralidade e transcendência, bem como precisões sobre "história", das quais destaco as seguintes ideias tomadas por Freire (2014a, p. 71, nota 18): para falar do progresso, toma a ideia de que em primeiro lugar vem a história do mundo e em seguida a história do homem; destaca, em seguida, haver um impulso profundo que leva o ser humano ao progresso, num movimento que é de libertação; projeta o desenvolvimento das ciências e das técnicas como um momento decisivo desta libertação; e, nessa ascensão, o homem tem a missão de ser o autor da própria libertação. Ao falar da "massificação do homem no mundo altamente técnico atual" que, pela mecanização e repetição de um mesmo ato, domestica o ser humano, desumaniza-o, faz dele um ser passivo, Freire (2014a, p. 118, nota 56) cita Mounier (1958), afirmando "apreciar as suas análises".

Quando se trata de abordar a questão do sectarismo, que se dá num contexto puramente emocional e acrítico, que acaba por impor uma única opção a todos, sem a vigilância da reflexão, caindo na sloganização, Freire (2014a, p. 70) cita o pensador católico brasileiro Tristão de Ataíde (1943) para enfatizar que, nesse caso, trata-se de fanatismo, "que dificilmente ultrapassa a esfera dos mitos e, por isso mesmo, morrendo nas meias-verdades, nutre-se do puramente 'relativo a que atribui valor absoluto'". E ao "tratar das relações entre as nações ricas e pobres, desenvolvidas e em desenvolvimento", Freire (2014a, p. 79, nota 21) cita a Encíclica *Mater et Magistra* do Papa João XXIII (1961, n. 171) para indicar que esta relação não pode ser feita através do que o documento chama de "formas disfarçadas de domínio colonial". Para falar da "ordem" injusta que é fonte geradora de uma falsa generosidade "que se nutre da morte, do desalento e da miséria", Paulo Freire cita o *Sermão contra os Usurários* (HAMMAN; QUÉRÉ, 1982, p. 160-169) de São Gregório de Nissa, escritor cristão da Capadócia, nascido em 330 e falecido em 395 d.C. Vejamos o texto citado por Freire (2014b, p. 42, nota 8):

> Talvez dês esmolas. Mas, de onde as tiras, senão de tuas rapinas cruéis, do sofrimento, das lágrimas, dos suspiros? Se o pobre soubesse de onde vem o teu óbulo, ele o recusaria porque teria a impressão de morder a carne de seus irmãos e de sugar o sangue de seu próximo. Ele te diria estas palavras corajosas: não sacies a minha sede com as lágrimas de meus irmãos. Não dês ao pobre o pão endurecido com os soluços de meus companheiros de miséria. Devolve a teu semelhante aquilo que reclamaste e eu te serei muito grato. De que vale consolar um pobre, se tu fazes outros cem?

Paulo Freire tem acompanhado a renovação trazida para o seio da Igreja Católica pelo Concílio Vaticano II, sobretudo no interesse deste em acompanhar a situação histórica de nosso tempo. Chega a citar o religioso dominicano Marie-Dominique Chenu quando este escreve, em meio às sessões do Concílio, sobre a Igreja presente em meio às fraquezas e às esperanças do mundo de hoje. Freire (2014b, p. 234) cita Chenu (1964) para sublinhar:

[...] muitos, tanto entre os padres conciliares como entre laicos informados, temem que, na consideração das necessidades e misérias do mundo, nos atenhamos a uma abjuração comovedora para paliar a miséria e a injustiça em suas manifestações e seus sintomas, sem que se chegue à análise das causas, até à denúncia do regime que segrega esta injustiça e engendra esta miséria.

Paulo Freire tem clareza de uma missão educativa das Igrejas, com a qual colabora, troca experiências e discute ideias. O ponto alto, expressão desta convergência de olhares e de práticas, foi a publicação intitulada *Os cristãos e a libertação dos oprimidos* de Freire (1978), na qual ele afirma:

> Não podemos discutir, por um lado as Igrejas, por outro lado a educação e, finalmente, o papel daquelas em relação a esta, a não ser *historicamente*. De fato, as Igrejas não são entidades abstratas, mas sim entidades inseridas na história, e é unicamente na história que se dá também a educação. Da mesma forma, o trabalho educativo das Igrejas não pode ser compreendido fora do condicionamento da realidade concreta onde se situam (p. 11).

1.3 O lugar da religião em Benjamin e Freire

O pensamento de Walter Benjamin, por sua vez, está impregnado pela tradição judaica. Isso não significa que ele deixe de fazer algumas distinções que nos parecem importantes. Há, nele, uma distinção conceitual entre o religioso e o teológico, entre a religião e a teologia. Muito ligado à mística judaica, ele se funda especialmente na teologia que, recheada de messianismo, o leva a tocar o sagrado. Impelido por este, ele entrevê que o Messias chega não para dissociar, separar; nem escorrega no velho dualismo em separar o sagrado do profano. Antes, liberto desta separação, aponta para o Messias que, quando já não se precisa mais dele, eis que aí Ele vem ou está, não como *telos* da dinâmica histórica, mas como fim. Assim, a "ordem do profano" se edifica ou possui "tão somente um sentido religioso" (BENJAMIN, 1921). Já não há mais separação nem mesmo oposição entre sagrado e profano, como também não há oposição entre o histórico e o messiânico (GAGNEBIN, 1999, p. 196, 198).

Nessa dinâmica messiânica, passado e presente se unem numa mesma redenção. O passado, redimido por completo, em sua inteireza, é integralmente rememorado e salvo ou, segundo a versão francesa da tese III de Benjamin, este tem "a humanidade restituída, salva e restabelecida" (LÖWY, 2005, p. 56), pois nada ficará perdido. No presente, as forças espirituais e morais alimentam a luta de classes, unindo o material e o espiritual, sendo que a luta é material e a motivação provém do espiritual. Esta intervenção salvadora age tanto no passado como no presente, sendo inseparáveis a história e a política, a rememoração e a redenção. Transforma o passado, sem que este tenha caído no esquecimento; transforma o presente, sem que este tenha esquecido a promessa trazida do passado porque inscrita na tarefa do presente.

A religião, por sua vez, na compreensão benjaminiana, é um sistema de crenças, baseado em certezas dentro de um quadro pronto, já assegurado de antemão, inclusive as respostas a serem dadas. Esta compreensão serve para Benjamin (2016, p. 241-252) de analogia, em suas teses *sobre o conceito da história*, para quando o operariado e/ou as esquerdas se deixam aparelhar ou domesticar na luta contra o fascismo ou contra a ideologia do progresso, acomodando-se ao curso dos acontecimentos, numa história conformista (sobretudo as teses 1, 4, 7, 11, 13, 16). Nas entrelinhas da sua obra, entrevemos um sentido de religião que se atém a uma construção especulativa dogmática, circunscreve as pessoas num sistema pronto de integração ao mundo, normalmente no sentido de resignação ante o sofrimento e a morte, o que faz Benjamin manter uma distância crítica da religião ou do religioso quando se afirmam nesta impostação. Criam-se, no religioso, substitutos do viver, pois deixam de enfrentar a aridez que o profano apresenta, usando subterfúgios ou fugas sem responder aos desafios advindos da realidade. Benjamin (1985, 100-104), sobretudo no texto *Capitalismo como religião*, manifestou várias preocupações com relação ao cristianismo, especialmente quando este se transformou, ao mesmo tempo, em paradigma para o capitalismo e este em parasita encravado no cristianismo. Chega a afirmar que "o cristianismo na época da Reforma não favoreceu o advento do capitalismo, mas sim se converteu em capitalismo", para indicar que estamos diante de uma religião que carrega "uma doença do espírito apta à época capitalista" (p. 102).

Na sua relação com o judaísmo, Benjamin enfatiza a ideia, oriunda de Buber (1996), de que não basta a crença apenas; é necessário a ação, remetendo para o problema da polaridade crença/ação, oriunda de uma interpretação dualista. Crítico do sionismo, Benjamin (1974, p. 84) chega a afirmar: "Os judeus manipulam as ideias como blocos de pedra e, por isso, nunca a origem (*Ursprung*), a matéria, é alcançada. Eles constroem do alto, sem que consigam alcançar o chão". Para ele, o sionismo se perdeu numa política que desfigura a ideia de uma cultura judaica, arrematando com a seguinte afirmação: "O judaico é impulso natural, o sionismo, coisa de organizações políticas" (BENJAMIN, 1991a, p. 72). Por isso, a relação de Benjamin com o judaísmo não será pelas vias oficiais, mas pelo caminho da mística, da qual acentua o messianismo na leitura teológica que lhe é própria, em permanente conexão com o materialismo.

Paulo Freire, por sua vez, em sua passagem pelo Inodep (Institut Oecuménique au Service du Développement des Peuples), com sede em Paris, desenvolveu um diálogo que permitiu aprofundar o binômio "conscientização e religiões" e que resultou no livro publicado por Humbert (1982, p. 143-150). Deixou igualmente preciosas contribuições sobre este tema no livro *Os cristãos e a libertação dos oprimidos* (FREIRE, 1978). Muitas de suas reflexões, como vimos acima, trazem a marca da inspiração cristã, dada a sua trajetória pessoal ligada ao cristianismo, pelo viés católico, de maneira particular pelas suas leituras de pensadores cristãos, justamente quando suas experiências e reflexões estavam tomando forma e se consolidando.

O trabalho desenvolvido junto à equipe do Inodep e recolhido por Humbert (1982, p. 143) reconhece "a importância da religião" e, consequentemente, por este fato, esta "questiona fortemente a conscientização". Diante da diversidade de religiões, destaca-se que subsistem muitos preconceitos com relação às que não são ocidentais, motivo pelo qual encontramos "pseudoconscientizadores", para quem o desenvolvimento significaria "extirpar o que estes qualificam de superstições, de mentalidade primitiva" (p. 143). São preconceitos que alimentaram no passado a escravatura e a colonização e que hoje até assumem um trabalho dito de conscientização, como se esta fosse levar tais populações a "passar da mentalidade mágico--religiosa a uma mentalidade técnica" (p. 144). Cabe um destaque à seguinte observação: "Pretender 'conscientizar' trabalhando na imposição de religiões e de línguas ocidentais a populações que já dispõem de uma religião e de uma língua é ser cúmplice do sistema de exploração internacional" (p. 144).

O trabalho desenvolvido pelo Inodep teve o mérito de partir da obra de Paulo Freire e estabelecer um diálogo entre homens e mulheres do Terceiro Mundo e do Primeiro Mundo para que estes, "aceitando a mediação das realidades concretas, descobrissem e juntos promovessem um desenvolvimento verdadeiramente libertador" (FREIRE, 2008, p. 12). Destacam-se deste trabalho três afirmações sobre as religiões tradicionais e das periferias que auxiliam em nossa reflexão. São as seguintes: "As religiões tradicionais nos países subdesenvolvidos foram e são religiões dominadas. As religiões tradicionais não são, elas mesmas, obstáculos ao desenvolvimento. Além disso, é preciso igualmente reconhecer a alteridade cultural à qual nos reenviam as religiões das periferias" (HUMBERT, 1982, p. 144-146). Com relação ao processo de conscientização, são feitas preciosas observações que procuraremos sintetizar a seguir.

Parte-se da constatação de que "toda religião tem ao mesmo tempo elementos de alienação e de libertação". Por isso, o processo de conscientização tem a função de superar uma visão ingênua de religião e do sobrenatural para fazer uma inserção no sistema cultural e religioso de uma comunidade e/ou um povo e ali descobrir "as possibilidades contestadoras e criativas escondidas na linguagem religiosa" (HUMBERT, 1982, p. 147). Por outro lado, a tarefa de conscientização é cuidadosa e não fica neutra diante da alienação promovida pela religião. Discernir os elementos incrustados de domesticação ou de libertação exige, segundo Humbert (1982, p. 148), a capacidade de "desmascarar o político, escondido, reprimido, no coração mesmo da linguagem religiosa", processo este que deve ser assumido pelo povo ou grupos envolvidos e que acedem a uma visão crítica ao superarem o imobilismo ante a ordem estabelecida.

Tendo em conta esta análise crítica da religião, é oportuna a abordagem feita por Freire (1978) sobre as Igrejas, enquanto estas "não são entidades abstratas, mas, sim, instituições inseridas na história" (p. 11) e, por isso, não são neutras, nem podem sê-lo face à história nem face à educação. A pretensa neutralidade serve ideologicamente às classes dominantes contra as classes dominadas. Não é possível lavar as mãos diante de interesses irreconciliáveis, de um lado, quando, de outro lado, utilizam-se de sutilezas para, de fato, "servir aos interesses dos mais fortes sob a aparência de uma ação a favor das classes oprimidas" (p. 12). Ingenuidade e esperteza se mesclam, neste campo, somando com ações que buscam anestesiar as consciências ou amainar a dor, o que acaba por favorecer o *status quo*, deixando intactas as estruturas vigentes.

> Trata-se, em última análise, de modalidades de ação que têm como pressuposto fundamental a ilusão de que é possível transformar o coração dos homens e das mulheres, deixando virgens e intocáveis as estruturas sociais. Esta ilusão de que é possível com pregações, obras humanitárias e o desenvolvimento de uma racionalidade desligada do mundo, primeiramente, mudar as consciências e, em seguida, transformar o mundo, encontra-se apenas naquelas pessoas a que chamamos "inocentes" e que Niebuhr chama "moralistas". Os "espertos", esses sabem muito bem que, com tais formas de ações, retardam o processo fundamental que tem de ser, de fato, a transformação radical das estruturas sociais, para que possa verificar-se a mudança das consciências, sabendo, por seu lado, que esta não é automática nem mecânica (FREIRE, 1978, p. 12).

Comprometer-se com os oprimidos não é tarefa fácil. Superar uma concepção elitista da vida, para aqueles que a adquiriram num processo de ideologização, supõe um aprendizado que, segundo Freire (1978, p. 13), "requer como condição *sine qua non* que tornem efetiva a sua Páscoa", o que significa que "devem 'morrer' como elitistas para renascer com os oprimidos como seres proibidos de SER". Para isso acontecer de fato, não basta a verbalização; tem que se fazer existência no sentido de uma verdadeira Páscoa.

> Páscoa de simples verbalização é "morte" sem ressurreição. Só na autenticidade da práxis histórica, a Páscoa é morrer para viver. Porém, essa forma de se experimentar na Páscoa, eminentemente vital, não pode ser aceita pela visão essencialmente mortífera, e por isso mesmo estática, da burguesia. A mentalidade burguesa que não existe como abstração, mata o dinamismo profundamente histórico da passagem; transforma a Páscoa em alienação, em pura festa do calendário.

2
O desafio da práxis a partir da religião

Sagrado e profano, transcendentalidade e mundanidade formam realidades que, em Walter Benjamin e Paulo Freire, não se separam. Traduzem-se numa práxis embasada num sentido integral seja porque nada é excluído da redenção, seja porque não se dicotomiza o processo de humanização e de libertação do ser humano.

2.1 A frágil força messiânica e a participação do ser humano em Benjamin

Antes de analisar mais de perto o caminho percorrido por Benjamin, importa destacar duas tendências no judaísmo aparentemente contraditórias, porém inseparáveis, em meio às quais a obra benjaminiana foi construída. Vejamos:

> O messianismo judaico contém duas tendências ao mesmo tempo intimamente ligadas e contraditórias: uma corrente restauradora, voltada para o restabelecimento de um estado ideal do passado, uma idade de ouro perdida, uma harmonia edênica quebrada, e uma corrente utópica, aspirando a um futuro radicalmente novo, a um estado de coisas que jamais existiu (LÖWY, 1989, p. 20).

Benjamin (2016, p. 242), na tese 2, ao nos introduzir ao conceito de redenção, afirma: "Foi-nos concedida, como a cada geração anterior à nossa, uma *frágil força messiânica* para a qual o passado dirige um apelo". Aqui nos é apresentado um dos conceitos teológicos centrais das teses sobre a história. Conceito nuclear, para arrepio das teorias convencionais, Benjamin suscitou perplexidades no seu tempo. Para Cantinho (2015, p. 44), estamos diante de "um ouvinte atento das vozes do passado", de "um guardião da herança histórica" e de "alguém que escuta os sinais do seu tempo". A compreensão de messianismo judaico vai além do sentido convencional para adquirir, em Benjamin, uma acepção própria assim descrita: "O meu pensamento comporta-se para com a teologia da mesma forma que o mata-borrão com a tinta. Ele fica totalmente embebido por ela. Mas se fosse seguir o mata-borrão, então nada subsistiria daquilo que está escrito" (BENJAMIN, 1991a, p. 1.235).

Presente já nos escritos de sua juventude, o messianismo vai permear toda a obra de Benjamin, ganhando relevo quando o articula ao ideal da "bela comunidade", como ocorre no texto *A vida dos estudantes*. A tentativa de Benjamin (1991b, p. 74) é de superar um misticismo individualista para enfatizar a comunidade dos espíritos livres, aliás, sem a regência do Estado; nisso, ele entrevê um novo futuro. Verifica que uma ameaça constante é o individualismo liberal. Assim, o messianismo é o eixo em torno do qual se configura uma nova perspectiva crítica da história, bem como a crítica ao progresso. Embasado na ideia da *restitutio in integrum*, ou seja, na procura do homem na sua "totalidade", Benjamin (1977, p. 77) sublinha a comunidade (*Gemeinschaft*) enquanto ela se orienta para a totalidade do homem agente. Daí, advém a ideia de salvação ou redenção, ligada à ideia de vida espiritual e criadora, enquanto sopro renovador. Atraído pelos movimentos revolucionários e românticos da época, Benjamin vai assumindo um messianismo histórico entendido como uma força transformadora e não apenas uma categoria teológica abstrata. Entra em cena a política, na qual se inscreve uma consciência histórica bem como uma esperança política, ambas dirigidas no sentido de "salvar a memória dos esquecidos" da história e dos "vencidos", bem como ligadas à ideia de repor a justiça do passado, subjacente à compreensão de redenção. Cabe à consciência humana ser o lugar dessa reparação das injustiças perpetradas no passado, através da sua rememoração que, ligada necessariamente à reparação do sofrimento e da desolação das gerações vencidas, leva à emancipação dos oprimidos.

A realização desse messianismo é uma tarefa que cabe ao homem, no sentido de um messianismo ativo; há algo de concreto a realizar; não há passividade na espera do Messias. Cabe preparar o mundo para o Reino de Deus, reevocando a "frágil força messiânica", tarefa que cumpre a cada um de nós exercer. Löwy (2005, p. 51) aponta para esta tarefa com as seguintes palavras:

> A redenção messiânica/revolucionária é uma tarefa que nos foi atribuída pelas gerações passadas. Não há um Messias enviado do céu: somos nós o Messias, cada geração possui uma parcela do poder messiânico e deve se esforçar para exercê-la. [...] Não haverá redenção para a geração presente se ela fizer pouco caso da reivindicação (*Anspruch*) das vítimas da história.

A humanidade, numa ação coletiva, reacendendo a débil chama do messianismo, cuja força é fraca, realiza no presente a ação redentora que as gerações passadas lhe confiam. É uma tarefa histórica que carrega em si as noções de justiça, ética e moralidade, na busca de instauração ou de dar forma ao "estado de imanente perfeição", ideia expressa e desenvolvida por Benjamin (1986, p. 151-159) em *A vida dos estudantes*. Esta tarefa está claramente expressa por Benjamin (2016, p. 242) no final da tese 2:

> Existe um encontro secreto marcado entre as gerações precedentes e a nossa. Então, alguém na terra esteve à nossa espera. Se assim é, foi-nos concedida, como a

cada geração anterior à nossa, uma *frágil força messiânica* para a qual o passado dirige um apelo. Esse apelo não pode ser rejeitado impunemente. O materialista histórico sabe disso.

Temos claramente expresso o passado, com sua história, e o presente, ao qual cabe a ação redentora, começando pela rememoração que contém "o esforço crítico do olhar que a história dirige a um passado que reivindica sua libertação", segundo Habermas (1981, p. 112). Aí está o nosso poder messiânico que contém algo de contemplativo e algo de ativo, tarefa que se realiza no presente. Não é memória passiva, mas ação revolucionária, na transformação ativa realizada no presente, que cabe ganhar a partida contra o adversário para, segundo Löwy (2005, p. 53), "salvar do esquecimento os vencidos, mas também para continuar e, se possível, concluir seu combate emancipador", pois para isso "alguém na terra esteve à nossa espera" (tese 2).

"Somente a humanidade redimida obterá o seu passado completo" (BENJAMIN, 2016, p. 242). Com esta afirmação, presente na tese 3, Benjamin nos coloca diante do passado em "cada um de seus momentos", numa rememoração integral. Nada pode ficar no esquecimento, nada pode ficar perdido, como na *apocatastasis*, segundo a compreensão ortodoxa, ou seja, "a admissão de todas as almas ao Paraíso" (BENJAMIN, 2016, p. 233), evocando a volta reconciliada de todas as coisas ou, como se encontra no *Fragmento teológico-político* de Benjamin (1921), a *restituo ad integrum* ou *restitutio omnium* (restituição integral ou restituição do todo). O equivalente judaico à *apocatastasis* é o *tikkun*, ou seja, "a restituição, o restabelecimento da ordem cósmica prevista pela providência divina, graças à redenção messiânica" ou, segundo a versão francesa da tese 3, "a humanidade restituída, salva, restabelecida" (LÖWY, 2005, p, 55, 56, nota 31).

O projeto messiânico realiza-se, segundo Cantinho (2011, p. 188), como "força concreta", no "palco da história, onde a justiça desfere a sua sentença final" para, em seguida, afirmar:

> O que ele [Benjamin] tem em mente é um verdadeiro projeto político e revolucionário, em que cada homem é responsável pela "parcela messiânica" que lhe é transmitida pelas gerações precedentes. Nesse sentido, cabe-lhe perpetuar essa herança da tradição e transmiti-la, lutando por resgatar o passado do seu esquecimento, criando o espaço "onde pode dançar", ao som da melodia do tempo messiânico.

2.2 A luta pela libertação como ato de amor em prol da humanização em Freire

Para Freire (2014b, p. 131, 180, 232), em sua obra *Pedagogia do oprimido*, "a ação libertadora, que é histórica", requer "uma profunda capacidade de amar", colocando-se "a serviço da humanização". Estes três elementos são recorrentes na obra freireana como temas transversais. Chega a falar em "valentia de amar" que, longe de ser "uma acomodação ao mundo injusto", busca a "transformação deste mundo para a crescente libertação dos homens" (p. 241). Para isso, a conscientização é um meio pedagógico "que prepara os homens, no plano da ação, para a luta contra os obstáculos à sua humanização" (p. 158). O empenho pela humanização "tem como objetivo fundamental a luta pela recuperação da humanidade roubada" (p. 118), numa humanização que é permanente, na busca do *ser mais*, em meio a situações concretas que levam ao *ser menos*. Há uma linha condutora que é a de "não esquecer da situação concreta, existencial, presente, dos homens mesmos" (p. 116).

Nessa mesma obra, Freire (2014b, p. 116-117) destaca o pensamento de Pierre Furter que embasa sua visão humanista: "O humanismo consiste em permitir a tomada de consciência de nossa plena humanidade, como condição e obrigação; como situação e projeto" (FURTER, 1966, p. 165). Entendemos que Freire, ainda na obra citada, enfatize de forma recorrente a "vocação ontológica e histórica de humanizar-se", interligando-a à "reflexão e ação verdadeiras dos homens sobre a realidade [...], como seres que não podem autenticar-se fora da busca e da transformação criadora", o que serve à libertação (p. 101). Por isso, entendemos que esta é uma "humanização em processo"; só assim torna-se uma "libertação autêntica", pois incorpora a "práxis, que implica a ação e a reflexão dos homens sobre o mundo para transformá-lo" (p. 93). Sendo que, para os homens e as mulheres a "vocação ontológica é humanizar-se", esta engloba tanto os oprimidos quanto os opressores, levando o nosso pedagogo a defender que o educador humanista "deve orientar-se no sentido da humanização de ambos" (p. 86), enquanto "restauradores da humanidade em ambos" (p. 41).

No entanto, fica claro no pensamento freireano que é na "superação da contradição opressores-oprimidos" que se dá a "libertação de todos" (FREIRE, 2014b, p. 48), pois esta produz a desumanização como realidade histórica, urgindo uma luta pela humanização para que os oprimidos recuperem a sua humanidade roubada, negada, numa "distorção da vocação do ser mais" (p. 40). Identifica-se a necessidade de uma luta de libertação, através da práxis, descrita por Freire (2014b) como uma "luta que, pela finalidade que lhe derem os oprimidos, será um ato de amor, com o qual se oporão ao desamor contido na violência dos opressores" (p. 43). Isto supõe, portanto, "a transformação objetiva da situação opressora" que incorpora "a luta pela modificação das estruturas", como tarefa histórica, como tarefa de mulheres e homens (p. 50-51), num "caminho de amor à vida" (p. 76), contrastando com a opressão que é "necrófila", pois nutre-se do "amor à morte" (p. 90). É importante enfatizar que o diálogo deve permear e sustentar esta busca comum e solidária pela transformação libertadora; observa Freire (2014b) que este diálogo somente existe se houver "um profundo amor ao mundo e aos homens" (p. 110) para, em seguida, afirmar: "Se não amo o mundo, se não amo a vida, se não amo os homens, não me é possível o diálogo" (p. 111).

A própria educação, além de ser um "ato de coragem", é para Freire (2014a, p. 127) "um ato de amor", pois incorpora "a batalha da humanização do homem brasileiro". "Gestando-se na história, como vocação para a humanização" (FREIRE, 2014d, p. 26), a educação se funda numa prática permanente, histórico-social, jamais de forma mecânica, ciente de que o ser humano é, ao mesmo tempo, "um ser histórico, um ser finito, inconcluso" e um ser "programado mas para aprender"[11] (p. 23-24). Assim sendo, o ser humano torna-se capaz de dizer o mundo, como ser aberto, em processo, em constante busca, condicionado mas não determinado, que jamais para de educar-se (p. 24-26). Por isso, a história é um lugar e um tempo de possibilidade (p. 42), que reúne "o saber de 'experiência feito' dos pais, educadores primeiros", da escola, da comunidade, num "aprendizado democrático no país das excludências" (p. 89-90).

Outro elemento significativo se destaca nesta luta pela libertação como ato de amor em prol da humanização: é a ética. Esta aparece como um imperativo da educação para a libertação, que se constitui na história, partícipe da vocação para o *ser mais* do humano. Freire (2014d) fala de uma "luta pela postura ético-democrática" (p. 44), explicando-a com as seguintes palavras:

> Falamos em ética e em postura substantivamente democrática porque, não sendo neutra, a prática educativa, a formação humana, implica opções, rupturas, decisões, estar com e pôr-se contra, a favor de algum sonho e contra outro, a favor de alguém e contra alguém. E *é* exatamente este imperativo que exige a eticidade do

---

[11] Expressão de JACOB, F. Nous sommes programmés, mais pour aprendre. *Le Courrier de l'Unesco*, Paris, fev./1991.

educador e sua necessária militância democrática a lhe exigir a vigilância permanente no sentido da coerência entre o discurso e a prática (p. 45).

2.3 O tempo pleno do *kairós* e da libertação em Benjamin e Freire

A questão do tempo e da história, na compreensão de Walter Benjamin, vem contemplada sobretudo em suas teses, em especial a de número 14, onde ele afirma que "a história é objeto de uma construção, cujo lugar não é formado pelo tempo homogêneo e vazio, mas o preenchido de 'tempo de agora' (*Jetztzeit*)" (BENJAMIN, 2016, p. 249). O tempo de agora benjaminiano encontra equivalência no *kairós* grego (MATOS, 1992, p. 239-256; SOUZA, 2007). Paul Tillich, companheiro na Escola de Frankfurt, utilizava este termo para diferenciar e até opor ao *kronos*, o tempo formal, sendo *kairós* o tempo histórico pleno; é o que atesta uma carta de Adorno a Horkheimer, quando comenta a proximidade do trabalho de Benjamin ao que eles estão igualmente buscando em seus estudos no Instituto de Pesquisa Social (BENJAMIN, 1991e, p. 774).

Buscando aprofundar o sentido de *kairós*, que nos elucidasse o estudo do texto de Benjamin, encontramos em Missac (1998, p. 11) a seguinte abordagem:

> *Kairós* é a denominação de uma temporalidade capaz de captar o momento oportuno do engajamento de uma determinada ação: entre o "ainda não" e o "nunca mais" há "dialética", dialética entre nostalgia e esperança. Inteligência "prática", o *kairós* caracteriza-se pela engenhosidade, astúcia e rapidez do golpe de vista. Tal como o sentido de *Einbahnstrasse* – rua de mão única e contramão –, onde se reconhece mudança de paisagem dependendo da direção escolhida, há um duplo sentido de *tempo*. Transitório e disruptor, o tempo é móvel, inconstante, vário. Se para os gregos, a *métis* é a inteligência apta a apreender o instante no instante para tomá-lo a

nosso favor, o *kairós* bejaminiano significa "transformar um mau augúrio em presságio favorável" quer se trate de nossa própria história, quer da história coletiva.

Por um lado, vemos Benjamin desfechando uma crítica à burguesia; por outro lado, ele critica igualmente as concepções de história que vicejam dentro do marxismo. Para a burguesia, importa contar a história da humanidade como uma sucessão linear de fatos que fazem homenagem aos vitoriosos e a seu cortejo triunfal, sem contar o lado dos vencidos, sobre cujos destroços (tese 9) passam as rodas dos carros deste cortejo (tese 7). Por isso, entendemos que Benjamin (2016, p. 245) afirme: "Nunca houve um documento da cultura que não fosse simultaneamente um documento de barbárie". Com relação ao marxismo, ele critica a resposta clássica das esquerdas em que se deposita a confiança tanto na subordinação servil a um aparelho incontrolável (o partido e o Estado) como numa visão da história baseada na ilusão de um progresso (tese 10), na ilusão de salvar as gerações futuras (tese 12). É preciso, segundo Benjamin, evitar que a classe trabalhadora assuma uma visão do *continuum* da história na disputa do poder que, em vez de encerrar a barbárie, simplesmente a renova. Retirar o proletariado da passividade, romper com o *continuum* da história, apelando para o valor do passado enquanto potencial de emancipação, é a proposta de Benjamin quando valoriza o "tempo de agora" (*Jetztzeit*).

O "tempo de agora" é o tempo da redenção, tempo pleno, que contém uma abreviação da totalidade, não como um interlúdio entre um momento oco e outro igual, portanto, em oposição ao historicismo e sua visão de progresso; este tempo de agora é, antes de tudo, qual mônada, aquele que contém em si ligações com toda a história da humanidade, em que "o presente é tanto o momento quanto o local da realidade do passado" (BENJAMIN; OSBORNE, 1997, p. 13). Não é o conformismo a uma cronologia da história linear dos vencedores; antes, um arrebatamento do passado, num vínculo com o presente, que o salva das garras do conformismo que o quer dominar. Estamos diante de uma filosofia da história que, numa visão constelar, abrange a totalidade da experiência, mergulhando na história onde se realiza a redenção. Como um "salto de tigre em direção ao passado", em meio à "arena comandada pela classe dominante", ao qual Benjamin (2016, p. 249) se refere na tese 14, urge "salvar a herança dos oprimidos e nela se implantar para interromper a catástrofe presente", afirma Löwy (2005, p. 120). Ao explodir o *continuum* da história da opressão, anuncia-se a ruptura redentora, em que o passado contém o presente e este, ao emancipar o passado na rememoração, não perde o momento – a faísca – do tempo histórico da revolução.

Freire (2014a), na sua obra *Educação como prática da liberdade*, nos aponta o caminho de um enraizamento "crítico e amoroso", a fim de assumir uma radicalização que nos faça "reagir à violência dos que pretendem impor o silêncio" (p. 69), muito diferente do sectário que "nada cria porque não ama" (p. 70) ou dos fanáticos que "perdem a direção do amor" e "prejudicam seu poder criador" na sua irracionalidade (p. 87). Em resposta aos que preferem o "homem vencido, esmagado e mudo" (p. 107), apresenta-se o cultivo de "formas autênticas e humanas de vida" (p. 112) que, segundo Freire (2014b, p. 48), na *Pedagogia dos oprimidos*, requer "a superação da contradição opressores-oprimidos, que é a libertação de todos"; esta se dá através da "emersão das consciências, de que resulte sua inserção crítica na realidade" (p. 98) para pronunciar o mundo e modificá-lo (p. 108), preparando as mulheres e os homens, através da conscientização, para atuarem "no plano da ação, para a luta contra os obstáculos à sua humanização" (p. 158); salvaguardar a "sua vocação de ser sujeitos pela problematização de sua própria opressão implica sempre uma forma qualquer de ação" (p. 227) que se dará sempre no diálogo, como forma de libertar libertando-se, numa permanente ação libertadora (p. 187).

Num livro de textos seletos publicado nos Estados Unidos, sob o título *Pedagogy of the heart*, Freire (1997a), refletindo sobre a relação entre teologia, política e educação, observa que a "salvação implica libertação" (p. 105), tendo que lidar de frente com a exploração, a recusa da resignação e do fatalismo. Ele já havia abordado a questão do fatalismo em *Pedagogia dos oprimidos* (2014b), quando identifica nele uma "visão distorcida de Deus", dentro de um "mundo mágico ou místico em que se encontra a consciência oprimida" que, mergulhada no sofrimento, acaba por atribuir à "vontade de Deus" esta "desordem organizada" (p. 67-68). No livro *Os cristãos e a libertação dos oprimidos*, Freire (1978) afirma a importância de "não separar mundanidade e transcendência, nem salvação e libertação", e propõe uma impostação profética que "não tenha receio de assumir um pensamento crítico nem se entenda como neutra e tampouco esconda sua opção" (p. 40).

A questão da redenção ou salvação remete, para Freire (2014d), à presença dos cristãos na história, na qual há coincidência com a meta-história (p. 129-130), lembrando, no entanto, que "a adoção da posição cristã não se dá na transcendentalidade mas na mundanidade; não se faz na meta-história mas na história, não se processa *lá*, mas *aqui*" (p. 130). Aponta para "a história como tempo de possibilidade" e enfatiza: "Deus é uma 'Presença na história', mas uma Presença que não nos proíbe de fazer história. É uma Presença que não nos imobiliza para que se faça a história que nos cabe fazer" (p. 131). Para Freire (2014d), a encarnação do Verbo, com a vinda de Jesus Cristo, nos aponta para uma inteligibilidade na qual não há lugar para a neutralidade, sendo impossível a "dicotomia entre transcendentalidade e mundanidade, história e meta-história" (p. 132). Ele reconhece a existência de uma "fecunda reflexão teológica", particularmente feita pela "Teologia da Libertação, profética, utópica e esperançosa" (FREIRE, 1978, p. 43), que "se compromete historicamente cada vez mais com os oprimidos" (p. 21). Ao citar os teólogos da libertação, Freire (1978, p. 21-22) destaca:

> Eles sabem muito bem que só os oprimidos, como classe social, proibida de dizer a sua palavra, podem chegar a ser utópicos, proféticos e esperançosos, na medida em que seu futuro não é mera repetição reformada do presente. O seu futuro é a concretização de sua libertação, sem a qual não lhes é possível *ser*. Só eles têm condições de denunciar a "ordem" que os esmaga e, na ação transformadora desta "ordem", anunciar um mundo novo que deve ser refeito constantemente.

3
Messianismo e esperança

A esperança alimenta o pensamento de Walter Benjamin e de Paulo Freire. Se o messianismo é central em Benjamin, ele ganha consecução ao acender a centelha da esperança. Freire, por sua vez, percorre o caminho da fé e da confiança no povo, na luta de transformar o mundo, não importam os desafios que se apresentem. Ambos depositam esperança numa revolução criadora de vida.

3.1 A centelha da esperança nos estilhaços do tempo messiânico em Benjamin

Na tese 17, bem como no apêndice A das teses *sobre o conceito da história*, Benjamin (2016, p. 251-252) contrapõe-se ao historicismo, pois este se funda num modo linear e evolucionista de contar a história, ligado a uma concepção quer quantitativa quer acumulativa, para a qual o tempo é homogêneo e vazio. Benjamin, ao contrário, procura entreolhar nas frestas do tempo o qualitativo e move seu pensamento de maneira descontínua para surpreender ou surpreender-se ante a unicidade do tempo que, na rememoração, liga o passado e o presente, numa construção constelar que se apresenta como uma mônada.

Entre "plenos e vazios", na "rememoração orgânica", segundo a tese 17, repentinamente uma constelação se apresenta, ligando o passado e o presente, formando verdadeiras mônadas, ou seja, "concentrados da totalidade histórica" para Löwy (2005, p. 131), "plenos" segundo Péguy (1968), ou "imagem dialética" conforme versão também apresentada por Benjamin (1991e, p. 595). Nestes momentos privilegiados, o passado e o presente se ligam para dar lugar à interrupção messiânica em que, segundo Benjamin (1991a, p. 1.243), "o Messias quebra a história". Como consta no apêndice A das teses, justamente no "tempo de agora", irrompem os "estilhaços do messiânico" infiltrados na história, como fragmentos que prefiguram ou anunciam a redenção messiânica. Passado e presente se interligam "num pacto secreto", segundo Löwy (2005, p. 140), em que "brilha a centelha da esperança" ou, como afirma Benjamin (2016, p. 244) na tese 6, diante do "inimigo que não tem cessado de vencer", é preciso "despertar no passado as centelhas da esperança", sendo este "um *privilégio exclusivo* do historiador convencido de que tampouco os mortos estão em segurança se o inimigo vencer".

Benjamin move suas ideias na forma de constelações, que acabam concentrando uma abreviação da totalidade, por isso mônadas. Peter Osborne, ao falar da política do tempo em Walter Benjamin, afirma:

> As ideias de Benjamin são mônadas, que contêm dentro de si, "preestabelecida" (*prästabiliert*), a apresentação dos fenômenos em sua "interpretação objetiva". Como tais, cada uma delas oculta dentro de si a "figura abreviada e rarefeita", ou "imagem" (*Bild*) do resto do mundo das ideias, recobrável através de sua apresentação filosófica (BENJAMIN; OSBORNE, 1997, p. 73).

Portanto, o presente não é um momento à parte. Ele tem sentido enquanto compreendido a partir das suas ligações com toda a história da humanidade; não é o passado, mas conjuga-se com todo o passado de tal forma que este existe para o presente; portanto, o passado não acabou, não sendo divisível ou inseparável do presente. É assim que, através da rememoração, as classes oprimidas despertam e enxergam no presente a oportunidade de salvar o passado em rápidos instantes, "estilhaços do tempo messiânico", como chance revolucionária de redimir o passado e de salvar o presente da opressão que persiste. Compreendemos que na tese 17 *sobre o conceito da história*, Benjamin (2016, p. 249) afirme que "a história é objeto de uma construção cujo lugar não é o tempo homogêneo e vazio, mas o preenchido de 'tempo de agora' (*Jetztzeit*)", indicando que o tempo atual ou de agora, ao fazer o "salto para o passado" como "um tigre", capta o momento explosivo que ele inspira através da rememoração e, sem ocultar o horror da opressão e das atrocidades contra os vencidos, apreende que o momento de explodir o *continuum* da história chegou, que a chance revolucionária se apresenta, que a emancipação legítima pode ser alcançada, mesmo que fugaz e passageira.

O passado pode constituir-se numa fonte de inspiração para o combate do presente que, carregado do "tempo de agora", é portador de estilhaços do tempo messiânico, interligando rememoração e redenção. Será necessário romper com a linearidade cronológica do tempo (*chronos*) que alimenta o historicismo do "era uma vez" (tese 16), pois esta conduz ao conformismo e mantém sob controle as energias poderosas incrustadas e latentes na história, ao neutralizar e esterilizar as imagens do passado, sem que elas produzam a interrupção revolucionária. Assim, a história passa a ser tratada como um tempo meramente mecânico que cede à tentação da continuidade e da linearidade, construindo-se numa temporalidade vazia. O progresso tão propalado da modernidade industrial busca impor o capitalismo sob uma forma linear de história, numa temporalidade vazia, nada além dos relógios que adestram e controlam; forja-se, assim, uma civilização sem memória e sem esperança. Daí por que basta treinar para a mera repetição, num ajuste dos indivíduos ao sistema, na continuidade da opressão que só faz aumentar o número dos vencidos; estes, socados ao chão, servem de caminho por onde passa o cortejo triunfal dos vencedores. Benjamin (2016, p. 249), na tese 14 *sobre o conceito da história*, adverte que o "salto do tigre em direção ao passado se dá, porém, numa arena comandada pela classe dominante".

Romper com o *chronos* para que o tempo pleno do *kairós* se instaure é interromper a catástrofe presente, sabendo ler os sinais do "tempo de agora", com sua temporalidade messiânica, superando o vazio temporal das ideologias do progresso. Irrompe o tempo qualitativo, deixando para trás o tempo vazio. É preciso captar o momento oportuno para interromper a continuidade da "submissão servil a um aparelho incontrolável", produzida por políticos, cuja "obtusa fé no progresso" impõe às massas para manipulá-las e controlá-las, segundo Benjamin (2016, p. 246) na tese 10.

Não há como ceder face às "filosofias modernas da história, tão obcecadas com o porvir ou o bem geral, que convertem o futuro ou o todo em princípios legitimadores das maiores desgraças presentes" (MATE, 2011, p. 90). Nada muda para essa versão da história; tudo o que ocorre é acolhido como fatalismo, como se pudéssemos pisar nas gerações passadas ou presentes para que o futuro seja garantido para uns poucos em suas carruagens a passar sobre os vencidos, tidos como incompetentes. Assim aconteceu com a ascensão de Hitler ao poder, tido como intocável, ante uma esquerda imobilizada. O que dizer de outras figuras fascistas pelo mundo afora? O sentido político do pensamento de Walter Benjamin vai, é claro, numa outra direção, com uma clara preocupação com o presente em vista de sua transformação. Vejamos o que nos afirma Mate (2011, p. 146):

> O historiador benjaminiano não procura conhecer melhor o passado, mas transformar o presente. Contudo, essa vontade de mudança seria impossível se o presente fosse imutável, isto é, se a dominação do homem sobre o homem fizesse parte da natureza das coisas [...]. Ele (Benjamin) crê na liberdade, isto é, no poder de mudar as coisas, inclusive quando essa mudança parece uma quimera. Esse sol, que representa a luta desesperada

contra as forças opressoras e contra a resignação dos oprimidos, está se levantando no céu da história porque o simples fato de existir como consciência crítica já mina as bases do poder opressor que deu por liquidado qualquer desponte subversivo. O historiador benjaminiano tem que estar muito atento se quiser descobrir as discretas mudanças que estão sendo produzidas.

3.2 Alimentados pela fé e a esperança: a confiança no povo, segundo Freire

Uma impostação que acompanha Paulo Freire, desde sua primeira obra, assenta-se na consciência de pensar o Brasil a partir do Brasil e não de um ponto de vista não brasileiro, como se fosse um objeto a ser observado a partir do exterior. Coube ao Iseb (Instituto Superior de Estudos Brasileiros), no início dos anos 60 do século XX, desenvolver esta perspectiva também cultivada por Freire (2014a, p. 129-131) que destaca a importância de pensar "o Brasil como realidade própria, como problema principal, como projeto" (p. 130). Trata-se de "pensar o Brasil como sujeito", sem esconder a realidade, "identificando-se o Brasil como Brasil", numa "integração com a realidade nacional", ao mesmo tempo em que o "intelectual se põe a serviço da cultura nacional" (p. 130). De nada adianta formar "bacharéis verbosos" e "técnicos tecnicistas" sem uma consciência nacional, sem assumir o país como "tarefa de transformação" (p. 130-131). Essa consciência era igualmente acompanhada por uma atitude assim descrita por Freire (2014a): "Sempre confiáramos no povo" (p. 134), no "respeito à pessoa" (p. 160). Neste contexto, desponta a figura de Paulo Freire, indissociável da "batalha da humanização do homem brasileiro" (p. 128), alimentado pela fé e esperança, pela confiança no povo. Dedicou ao tema da esperança um de seus livros (FREIRE, 1997b), o que permeia, na verdade, toda a sua obra.

A pedagogia do oprimido, para Freire (2014b), "se apresenta como pedagogia do Homem" (p. 56) que exige um trabalho *"com* os oprimidos" (p. 57), ou seja, "um compromisso com a libertação capaz de *comungar* com o povo" (p. 66), não deixando dúvidas ao afirmar: "Crer no povo é a condição prévia, indispensável à mudança revolucionária" (p. 66). Sendo que a ação libertadora trata com pessoas humanas e não com coisas ou objetos, "é preciso que creiamos nos homens oprimidos; que os vejamos como capazes de pensar certo também" (p. 73), sem que caiamos na tentação da "propaganda, do dirigismo e da manipulação" (p. 76). Toda a pedagogia de Paulo Freire está permeada pelo diálogo, como "exigência existencial" (p. 109) e se dá no "encontro de homens que *pronunciam* o mundo" (p. 110), como "ato de criação" próprio de "sujeitos dialógicos", rumo à "conquista do mundo para a libertação dos homens" (p. 110). Este diálogo só existe, de fato, se alimentado por "um profundo amor ao mundo e aos homens" (p. 110), sendo "a fé nos homens um dado *a priori* do diálogo" (p. 113). Sem esta fé nos homens, o diálogo seria uma farsa. Lemos em Freire (2014b, p. 113):

> Ao fundar-se no amor, na humildade, na fé nos homens, o diálogo se faz uma relação horizontal, em que a *confiança* de um polo no outro é consequência óbvia. Seria uma contradição se, amoroso, humildade e cheio de fé, o diálogo não provocasse este clima de confiança entre seus sujeitos. Por isso, inexiste esta confiança na antidialogicidade da concepção "bancária" da educação. Se a fé nos homens é um dado *a priori* do diálogo, a confiança se instaura com ele. A confiança vai fazendo os sujeitos dialógicos cada vez mais companheiros na pronúncia do mundo. Se falha a confiança, é que falharam as condições discutidas anteriormente. Um falso amor, uma falsa humildade, uma debilitada fé nos homens não podem gerar confiança.

A percepção acima faz com que Freire (2014b) fale de uma necessária "comunhão com o povo" (p. 175) tanto no trabalho realizado pelas lideranças quanto aquele empreendido pelos intelectuais aliados e solidários à causa da ação transformadora e libertadora. "Comunhão em que crescerão juntos e em que a liderança, em lugar de simplesmente autonomear-se, se instaura ou se autentica na sua práxis *com* a do povo, nunca no desencontro ou no dirigismo" (p. 175). Esta comunhão com o povo permite um trabalho fecundo a serviço da humanização, bem como a emergência de um humanismo revolucionário que faz da união e da organização do povo a forma de lutar contra os sabotadores, os especuladores e os gananciosos que atuam em prejuízo dele. Compreendemos que Freire (2014b, p. 228) seja muito claro ao afirmar:

> A liderança há de confiar nas potencialidades das massas a quem não pode tratar como objetos de sua ação. Há de confiar em que elas são capazes de se empenhar na busca de sua libertação, mas há de desconfiar, sempre desconfiar, da ambiguidade dos homens oprimidos [...] desconfiar do opressor "hospedado" neles.

Esta comunhão com o povo não é uma mera teoria. Para Freire (2014b), ela terá que "converter-se em parte constitutiva de nosso ser" (p. 231), "fazer-se carne", tornando esta comunhão verdadeira "co-laboração", expressão de "uma profunda capacidade de amar" (p. 232), fundada na "*crença* nas massas populares" (p. 241). Paulo Freire encerra o livro *Pedagogia do oprimido* com as seguintes palavras: "Se nada ficar destas páginas, algo, pelo menos, esperamos que permaneça: nossa confiança no povo. Nossa fé nos homens e na criação de um mundo em que seja menos difícil amar" (FREIRE, 2014b, p. 253).

Esta fé e esta confiança no povo são alimentadas pela esperança que, para Freire (2014c), "é como algo que faz parte desta prática, como forma de ação especificamente humana" (p. 129). A esperança e a educabilidade do ser humano têm a mesma matriz, alimentadas pela consciência do inacabamento do ser humano e da compreensão da história como possibilidade. Para a compreensão freireana, esta consciência leva à afirmação de que "mudar é difícil, mas é possível", pois "intervenho para mudar o mundo, para fazê-lo menos feio, mais humano, mais justo, mais decente", ao contrário da postura do conservador para quem "o amanhã se reduz à quase manutenção do hoje" (p. 133). Não há por que calar e aceitar os fatos como pura fatalidade, como nos quer passar a ideologia neoliberal, querendo decretar a morte da própria história. Trata-se, para Freire (2014c, p. 134), de uma "ideologia fatalista que, despolitizando a educação, a reduz a puro treinamento no uso de destrezas técnicas ou de saberes científicos"; ele propõe, ao contrário, que "enquanto presença na história e no mundo, esperançosamente luto pelo sonho, pela utopia, pela esperança, na perspectiva de uma Pedagogia crítica", sendo que "esta não é uma luta vã" (p. 134). Importa "reinventar o mundo e não apenas repeti-lo ou reproduzi-lo" (p. 140), o que implica: "Luta contra o desrespeito à coisa pública, contra a mentira, contra a falta de escrúpulo. E tudo isso, com momentos, apenas, de desencanto, mas sem jamais perder a esperança. Não importa em que sociedade pertençamos, urge lutar com esperança e denodo" (p. 155).

3.3 Uma revolução criadora de vida, segundo Freire e Benjamin

Freire (2014a, p. 112), em *Educação como prática da liberdade*, está em busca de "formas mais autênticas e humanas de vida". Buscando aprofundar esta temática, vemos que Freire (2014b), já avançando para a sua obra *Pedagogia do oprimido*, diante da situação concreta a que são submetidos os débeis e/ou demitidos da vida, sublinha a necessidade de uma "transformação criadora" como própria da "vocação ontológica e histórica de humanizar-se" (p. 101), o que implica engajar-se no "caminho do amor à vida" (p. 76), numa "revolução biófila" que é "criadora de vida" (p. 233). Esta revolução criadora de vida é tão premente que Freire observa que é necessário "criá-la" ainda que, para isso, ela "seja obrigada a deter vidas que proíbem a vida" (p. 233) para, em seguida, afirmar: "Não há vida sem morte, não há morte sem vida, mas há também uma 'morte em vida'. E a 'morte em vida' é exatamente a vida proibida de ser vida" (p. 233).

Benjamin (2002b, p. 39), em *A vida dos estudantes*, declara-se "defensor da vida mais elevada", no sentido de preservar o "espírito criador", ante a vida intelectual de seu tempo que a desfigura, por demais enquadrada ao Estado e em busca de garantir-se na vida profissional. Priva-se da nobreza para ajustar-se a uma mera "corporação de funcionários públicos e diplomados" (p. 33) que "se esquiva das consequências de uma existência espiritual crítica, com a qual o estudante está comprometido" (p. 37). Benjamin constata que "os estudantes não conseguiram dar forma à sua necessidade espiritual", afastando-se daquele "espírito verdadeiramente sério de trabalho social", de "servir aos pobres como uma tarefa da humanidade" (p. 37), cedendo à tendência burguesa de apenas ajustar-se "a reboque" ou de maneira "mecanicista" à sociedade liberal. Por isso, "o estudantado atual não se encontra nos lugares onde se luta pela ascensão espiritual da nação, não se encontra de maneira alguma no campo de sua nova luta pela arte, de maneira alguma ao lado de seus escritores e poetas, de maneira alguma nas fontes da vida religiosa" (p. 39).

Freire (2014b) nos esclarece que no processo revolucionário não podemos temer a liberdade, nem tergiversar em relação à "solidariedade que não pode ser quebrada" (p. 174) na relação com as massas, no encontro real com os demitidos da vida ou os esfarrapados do mundo. Entendemos, então, que ele empenhe as seguintes palavras para falar desta solidariedade e/ou deste encontro:

> Nem todos temos a coragem deste encontro e nos enrijecemos no desencontro, no qual transformamos os outros em puros objetos. E, ao assim procedermos, nos tornamos necrófilos, em lugar de biófilos. Matamos a

vida, em lugar de alimentarmos a vida. Em lugar de buscá-la, corremos dela. Matar a vida, freá-la, com a redução dos homens a puras coisas, alientá-los, mistificá-los, violentá-los são o próprio dos opressores (FREIRE, 2014b, p. 174).

Para Benjamin (2002b), faz-se preciso evitar "o enrijecimento do estudo em um amontoado de conhecimentos" (p. 41), para ser uma "comunidade de criadores que atua através do amor" (p. 44) como forma de vida, enquanto "reconstrução integral" (p. 39), "conferindo unidade, a partir da vida espiritual" ao disforme e fragmentado estilo de vida dos que se entregam a uma "tendência burguesa, indisciplinada e mesquinha", numa "submissão acrítica e inerte a esse estado" (p. 34). Essa tendência burguesa é a que olha a vida mecanicamente, transforma a vida e as pessoas em coisas, submetendo-os ao controle, à posse, até perderem o contato com o mundo, introjetando um modo necrófilo de viver. Para Freire (2014b, p. 90), que aqui segue as ideias de Erich Fromm[12], o necrófilo "ama o controle, e no ato de controlar, mata a vida", acrescentando: "A opressão, que é um controle esmagador, é necrófila. Nutre-se do amor à morte e não do amor à vida. [...] Seu ânimo é o de controlar o pensar e a ação, levando os homens ao ajustamento ao mundo. É inibir o poder de criar, de atuar". Somente uma educação problematizadora, criticizadora é capaz de pôr em marcha uma revolução criadora de vida, porque "servindo à libertação se funda na criatividade e estimula a reflexão e a ação verdadeiras dos homens sobre a realidade, responde à sua vocação [ontológica e histórica de humanizar-se], como seres que não podem autenticar-se fora da busca e da transformação criadora" (FREIRE, 2014b, p. 101).

Temos uma responsabilidade ante a opressão que espalha a "morte em vida", segundo Freire (2014b, p. 233), e que deixou rastros

---

12 FROMM, E. *El corazón del hombre, breviário*. México: Fondo de Cultura Económica, 1967, p. 28-29.

de barbárie nas gerações passadas, em cujas costas foi construído o presente, segundo Benjamin (2016, p. 244-245, tese 7). Tanto para Freire (2014b, p. 234) como para Benjamin em suas teses *sobre o conceito da história* (2016, p. 241-252), urge defender a vida e denunciar o regime responsável pela injustiça e miséria numa ação com as vítimas, do ponto de vista das vítimas, buscando a sua libertação, a sua redenção. Segundo Freire (2014b), "o objetivo fundamental é lutar com o povo pela recuperação da humanidade roubada" (p. 118), buscando "a transformação permanente da realidade, para a permanente humanização dos homens" (p. 115), é "práxis", ou seja, "reflexão e ação dos homens sobre o mundo para transformá-lo" (p. 52), vivido como um parto doloroso de libertação pela "superação da contradição opressores-oprimidos" (p. 48), numa revolução resultado de sua conscientização (p. 74). Para Benjamin (2016, p. 245) é assumir a "tarefa de escovar a história a contrapelo", ou seja, a partir dos vencidos, vítimas da barbárie dos vencedores, vítimas do processo de transmissão dos historiadores conformistas identificados com os dominadores, vítimas ainda hoje do cortejo majestoso da atual civilização do progresso saída da Modernidade, cujas "ruínas crescem até o céu" (tese 9). A resposta de Benjamin (2016) é a classe trabalhadora assumir "o papel de redentora das gerações futuras" (p. 248, tese 12), numa rememoração do passado, que "traz consigo um índice secreto que o impele à redenção [...] no encontro entre as gerações precedentes e a nossa" (p. 242, tese 2), cabendo a cada geração a tarefa messiânica atribuída pelas gerações passadas, em vista da reparação das injustiças cometidas e da emancipação dos oprimidos.

Parte III

Marxismo e materialismo histórico em Benjamin e Freire

Deciframos até aqui a história a partir dos vencidos e demitidos da vida em Walter Benjamin e Paulo Freire e analisamos o lugar da religião e da teologia em seu pensamento. O percurso feito em nossa pesquisa demanda outros passos. Por isso, vamos nos deter agora no lugar que o marxismo e o materialismo histórico ocupam na arquitetura de suas compreensões de ser humano, de mundo, de cultura e de história.

A nossa pesquisa leva-nos a identificar a apropriação que fazem Benjamin e Freire da obra de Marx e do marxismo para, em seguida, nos debruçarmos sobre o conceito de Teoria Crítica, fazendo as devidas distinções, identificando a capacidade crítica que ela desperta na identificação da barbárie em nossos dias e os caminhos que ela aponta no sentido do esclarecimento, da autonomia, da emancipação e da autorreflexão crítica.

O passo seguinte leva-nos à abordagem que Benjamin e Freire tecem do materialismo histórico; por um lado, este permite uma análise pertinente das condições e/ou necessidades concretas da existência; por outro lado, ele exige uma percepção crítica diante dos fenômenos da sedução do autômato e de visões deterministas que aprisionam o ser humano e cerceiam toda forma de criatividade, permitindo a instalação de formas totalitárias de organização da sociedade e de cooptação dos indivíduos.

1
A apropriação de Marx e do marxismo

A obra de Marx e o marxismo permitem muitas aproximações, pois estamos diante de uma obra vasta. Interessa-nos, dado o assunto que abordamos, a concepção de história, bem como a compreensão de mundo e de cultura que nela subjaz para, em seguida, identificar a apropriação que fazem desta compreensão Walter Benjamin e Paulo Freire. Distinguimos a obra de Marx ou marxiana e os aportes do marxismo, pois, mesmo tendo uma ligação profunda, não são de todo coincidentes.

1.1 A obra de Marx e do marxismo

O ponto de partida para Marx é o material. Para ele, "o ideal não é mais do que o material transposto para a cabeça do ser humano e por ela interpretado" (MARX, 2002, p. 28). Isolar-se do curso da história de modo abstrato-contemplativo é, para Marx (2002), andar de "cabeça para baixo" (p. 29), para quem importa investir num movimento crítico incidindo sobre formas sociais e históricas determinadas, ou seja, a matéria histórica viva. Ficam, assim, lançadas as bases do próprio método materialista dialético que é passar do abstrato para o concreto. "Para o pensamento, o método que consiste em elevar-se do abstrato ao concreto é a maneira de apropriar-se do concreto, de reproduzi-lo como concreto pensado" (MARX, 1977, p. 25). É no movimento entre o lógico e o histórico que faz a dialética existir, de modo que "a investigação lógica mostra onde começa o histórico, e o histórico completa e pressupõe o lógico" (KOSIK, 2002, p. 60).

Não há lugar aqui para entender a reificação como condição humana natural se ela representa a perda de autonomia e autoconsciência, numa versão inanimada, autômata e passiva da realidade humana e social que, em sua origem, tem sempre um caráter dinâmico e criativo. Uma forma de reificação é, por exemplo, aceitar as relações sociais fixadas pelas coisas, como no caso das mercadorias e/ou dos mercados. Daí advêm as práticas fetichizantes que substituem as pessoas nas relações sociais para delegá-las ao dinheiro, às *commodities*, entregues à negociação do intocável mercado. Aqui se interpõe um conceito caro à dialética materialista que é o da práxis como explicitador da atividade humana objetiva e sensível. Machado (2007, p. 77) afirma:

> O real é o mundo da práxis humana. Nesse sentido, a realidade é um complexo de relações sociais que os homens instauram na produção e no vínculo com os meios de produção [...]. Desse modo, a radicalidade da dialética consiste em penetrar até as raízes da realidade social, isto é, até a práxis enquanto atividade humana sensível. Conceber a atividade humana como práxis possibilita o dimensionamento do sujeito concreto enquanto criador da realidade social que, ao mesmo tempo, é por ela criado. Assim, o homem se torna na práxis um ser social. Com efeito, a práxis corresponde à esfera de criação do homem como ser histórico social.

As concepções reificadas da vida e suas fetichizações retiram o ser humano de seu terreno que lhe é próprio, ou seja, a história. Para Machado (2007, p. 78), "o sujeito não é uma substância exterior à história, mas ele se cria justamente no movimento da história", o que pode ser acrescido da observação de Kosik (2002, p. 183) de que "o conhecimento de quem é o sujeito significa conhecimento da atividade do próprio sujeito no mundo". E ante a filosofia, Marx não aceita a ideia da distinção desta diante do mundo heterônomo no sentido de uma razão pura ou totalizante, ou mesmo de um realismo ontológico e prático pré-kantiano. Marx propõe a relação entre filosofia e mundo "através de uma 'filosoficação do mundo' e de uma 'mundanização da filosofia'" (MORAES JÚNIOR, 2011, p. 122), explicitado da seguinte forma:

> Para ampliar a dimensão válida da reflexão e do agir teórico, Marx se pôs na esteira epistemológica da dialética entre natureza e ser humano imediatizada pela unidade elementar vivencial do agir humano (*praxis*) ou pela categoria socioeconômica do "trabalho" (*arbeit*) – considerando que *Praxis* e *Arbeit* são termos categoriais que demarcam, de certo modo, respectivamente as fronteiras entre o Jovem Marx (que reflete as obras anteriores aos *Manuscritos econômico-filosóficos* de 1844 (*Ökonomish-Philosophishe Manuskripte*) e o Karl Marx da magna obra político-econômica *O capital* (*Das Kapital*) (MORAES JÚNIOR, 2011, p. 122).

Nesta perspectiva, não é possível pensar e/ou viver na disjunção ou até na "oposição radical entre o mundo do pensamento e o mundo real"; ao contrário, "emerge para Marx a tarefa de mostrar uma nova totalidade, que possa reconciliar dialeticamente mundo e filosofia" (OLIVEIRA, 1989, p. 65). Marx, nas *Teses sobre Feuerbach*, é muito claro ao afirmar: "A vida social é essencialmente prática. Todos os mistérios que seduzem a teoria para o misticismo encontram a sua solução racional na praxe humana e no compreender desta práxis" (MARX; ENGELS, 2008, p. 29). Nessas mesmas teses, Marx acrescenta a necessidade de transformação do mundo, como tarefa inadiável. Vejamos: "Os filósofos têm apenas interpretado o mundo de maneiras diferentes; a questão, porém, é transformá-lo" (p. 29). Esta visão permite conectar teoria e práxis e possibilita o surgimento de uma nova teoria da compreensão social e seus significados socioculturais. Este referencial permite "a interpretação das expressões sociais não mais sob as exigências conceituais da razão, mas sob as amplas condições socionaturais, intermediada pela ação humana (*praxis*) onde elas ganham força semântica" (MORAES JÚNIOR, 2011, p. 126).

A este pensamento *marxiano*, cujos conceitos e respectiva visão podemos atribuir com segurança diretamente a Marx, segue-se o *marxismo*, cujas ideias guardam um liame com o legado de Marx, observando-se, porém, de que nem tudo o que é marxista é necessariamente marxiano. Podemos compreender, então, a frase atribuída a Marx por Engels: "Tudo que sei é que eu não sou um marxista"[13]. Cerqueira (2015, p. 826) afirma, por exemplo, que "as teorias do imperialismo pertencem muito mais a Lenin, Hilferding ou Bukharin do que ao próprio Marx", explicando que "o marxismo se desenvolveu numa época em que o conhecimento dos escritos de Marx era repleto de lacunas e, por isso mesmo, parcial e inadequado", ao que ele ainda acrescenta:

> Foi assim, por exemplo, que a doutrina do "materialismo histórico" – expressão jamais empregada por Marx – foi formulada nas últimas décadas do século XIX e nas primeiras do século XX por autores como Plekhanov, Mehring e Kautsky, muito antes que o manuscrito de *A ideologia alemã* fosse publicado. Essa doutrina, por sua vez, influenciou decisivamente a maneira como o manuscrito de Marx e Engels foi lido e interpretado: como um texto no qual se encontraria, pela primeira vez, uma versão mais ou menos acabada do assim chamado "materialismo histórico" (CERQUEIRA, 2015, p. 826).

Várias gerações de marxistas se sucederam. Num primeiro grupo, podemos elencar: Antonio Labriola (Campânia), Franz Mehring (Pomerânia), Karl Johann Kautsky (Boêmia) e Georgi Walentinowitsch

---

[13] Carta de Friedrich Engels dirigida a Conrad Schmidt, datada de 05/08/1890.

Plekhanov (Tambov). Em contato direto com Friedrich Engels, esses teóricos do marxismo buscaram formular uma sistematização do materialismo histórico em torno de três propósitos, assim descritos por Moraes Júnior (2011, p. 127):

> • sistematizar mais ainda o materialismo histórico, aprimorando assim seus princípios filosóficos;
> • dar uma amplitude a diversas questões que não foram contempladas por Marx ou Engels;
> • e, por último, criar um corpo de saberes com a finalidade de favorecer uma visão de mundo ampla e de fácil aprendizado para as classes sociais menos favorecidas.

A esta seguiu-se outra geração de pensadores marxistas, já no final do século XIX, que assumiu "uma fortíssima posição de destaque e de modelo no horizonte da política partidária, da ação revolucionária e do engajamento intelectual do século XX" (MORAES JÚNIOR, 2011, p. 127). A este grupo pertencem Lenin (1870-1923, Simbirsk – Volga), Rosa Luxemburgo (1871-1919, Zamosc – Galícia), Hilferding (1877-1941, Viena) e Trotski (1879-1940, Kherson – Ucrânia). Moraes Júnior (2011) nos dá a amplitude do trabalho desta geração, ao apresentá-la da seguinte forma:

> Com um exercício de aprimoramento da relação entre o teórico e o prático, de modo mais intenso do que aquele desprendido pela geração anterior, estes novos e precoces pensadores marxistas exerceram grandíssimas influências tanto partidárias em suas regiões quanto teóricas por meio de escritos que trouxeram consigo relevâncias sobre economia, política e sociedade. Não era sem motivos. As crescentes transformações do modo de produção econômica do capitalismo exigiram também grandes aprimoramentos nas análises críticas da economia-política (p. 128).

Um marxismo europeu não soviético formou outra vertente, sobretudo após a Primeira Guerra Mundial, com caráter revisionista e crítico. Por um lado, tivemos a criação, em 1923, do Instituto de Pesquisa Social, sob a direção do marxista austríaco Carl Grünberg;

este Instituto abrigou, em seguida, a Escola de Frankfurt que nos deixou como legado a Teoria Crítica da Sociedade, como veremos em nossa pesquisa. Encontramos, igualmente, grandes personagens que, na esteira dos ideais libertários e críticos de Karl Marx e em seus diferentes contextos, deram uma grande contribuição intelectual, sobretudo na articulação entre teoria e práxis; dentre eles, podemos enumerar A. Gramsci (na Itália), K. Korsh (na Turíngia) e G. Lukács (na Hungria).

1.2 A apropriação por Walter Benjamin

Mesmo entre os que divergem do pensamento de Benjamin, há quem o considere, como Merquior (1986, p. 166), "o melhor ensaísta alemão" do século XX. Já Arendt (1987, p. 141), favorável ao seu contemporâneo, enfatiza: "Benjamin foi provavelmente o marxista mais singular já produzido por esse movimento". Mesmo marcado por excentricidades, ele trouxe a marca de uma fecundidade, com uma riqueza de *insights*, prontos a provocar uma reviravolta em nossas cabeças.

A Alemanha recém-unificada viveu, na virada do século XIX ao século XX, uma rápida industrialização. Porém, isto não beneficiou o operariado, a quem o poder estabelecido virou às costas, não atendendo às suas reivindicações, sendo hostil à qualquer crítica, chegando a colocar os socialistas fora da lei. Por outro lado, o Partido Social Democrático dos Trabalhadores Alemães cresceu, tornando-se o maior partido da Alemanha, com o destaque de ser um partido de massa, uma experiência que foi totalmente nova. Foi neste contexto em que se deu a assimilação das ideias de Marx na Alemanha, espalhando-se pela Europa, o que preparou o terreno para a assimilação que Benjamin fez de Marx e do marxismo.

Alguns personagens foram importantes na aproximação ao marxismo por parte de Walter Benjamin. Ernst Bloch e Georg Lukács foram as primeiras portas que se abriram para este contato, seguidos de Asja Lacis. Benjamin conheceu Bloch em 1919 na Suíça, quando leu o seu livro *O espírito da utopia*, não se entusiasmando pela obra. Porém, marcou-o a pessoa de Ernst Bloch. Konder (1999, p. 43) traçou o seguinte quadro dos dois personagens:

> Bloch era um pensador inteiramente voltado para o futuro, um homem que olhava, confiante, para a frente e perscrutava o horizonte na permanente disposição de discernir (a longo prazo) tempos melhores. Benjamin era um filósofo voltado para o passado, empenhado na recuperação de energias libertadoras antigas, convencido de que a solução do enigma do nosso porvir depende, de algum modo, da compreensão do nosso ponto de partida.

Quando ambos retornaram para Berlim, em 1923, Bloch recomendou a Benjamin a leitura de *História e consciência de classe*, de Lukács. Ele ficou impressionado e mesmo marcado pelo seu conteúdo, em especial pelas análises do fenômeno da reificação. A partir de Lukács, Benjamin chega a Marx.

> Através de Lukács, o pensamento de Marx lhe parecia proporcionar instrumentos notavelmente fecundos para a crítica do presente, para a desmistificação implacável das construções ideológicas geradoras de confusão e conformismo. Benjamin descobriu, então, em Marx, uma riqueza maior do que aquela que antes havia podido enxergar; passou a se interessar apaixonadamente pelas formas de distorção que os mecanismos do mercado capitalista acarretavam na consciência dos homens (KONDER, 1999, p. 43).

De Berlim, na Alemanha, Benjamin seguiu para a Itália, onde conheceu a letona Asja Lacis, com quem passou a namorar. Foi até Moscou para vê-la, passando com ela os meses invernais de dezembro de 1926 e janeiro de 1927. Asja o estimulou a aproximar-se do marxismo, ao mesmo tempo em que se sentia fascinado pela experiência soviética. Como bom observador, deu-se conta dos problemas da revolução e captou o conflito existente entre a corrente majoritária de Stalin e a corrente minoritária de Trotski; seguiu-se o endurecimento do regime, com seus desdobramentos dramáticos. Isto colocou Benjamin em alerta, ciente de que a construção de uma nova sociedade traria desafios e enfrentaria dificuldades.

A leitura de *História e consciência de classe* de Georg Lukács, os estímulos de Asja Lacis e a crise da República de Weimar que deu as costas ao operariado na Alemanha levaram Benjamin a postar-se à esquerda, aproximando-o do marxismo. Porém, duas faces se revelaram concomitantemente, assim expressas por Konder (1999, p. 45-46):

> No momento em que ele buscava no legado de Marx instrumentos poderosos para fortalecer sua capacidade de questionar radicalmente o mundo em que vivia, Benjamin encontrava à sua frente um marxismo que se institucionalizava, que começava a se codificar, que se comprometia estruturalmente com a preservação pragmática de um determinado Estado.

Após estas notas introdutórias, importa deixar que Walter Benjamin nos ofereça ele mesmo a sua percepção do aporte de Karl Marx e do marxismo. Já vimos que a porta de entrada para o contato com Marx e o marxismo deu-se especialmente pela leitura da obra de Lukács, à qual Benjamin se refere como um livro vivo e atual. Assim escreve ele sobre esta obra:

> A obra mais acabada da literatura marxista. Sua singularidade está baseada na segurança com a qual ele captou, por um lado, a situação crítica da luta de classes na situação crítica da filosofia e, por outro, a revolução a partir de então concretamente madura, como a precondição absoluta, e até mesmo a realização e a conclusão do conhecimento teórico (BENJAMIN, 1991c, p. 171; LÖWY, 2005, p. 22).

Benjamin reteve a questão da luta de classes e a colocou numa ótica própria, sem substituir, como observa Löwy (2005, p. 22), "suas intuições 'antiprogressistas', de inspiração romântica e messiânica". Ele conseguiu estabelecer entre ambas uma articulação com refinada qualidade crítica, o que o distinguiu do marxismo oficial da época. Encontramos inicialmente esta articulação no livro *Rua de mão única*, no qual ele trabalhou de 1923 a 1926. Nessa obra, num dos subtítulos – "Alarme de incêndio" –, ao abordar a luta de classes, vemos Benjamin (2000, p. 45) pressentir as ameaças do progresso, fruto de uma burguesia que sucumbirá "pelas próprias contradições internas ou através do proletariado". Segue-se a seguinte afirmação:

> Se a eliminação da burguesia não estiver efetivada até um momento quase calculável do desenvolvimento econômico e técnico (a inflação e a guerra de gases o assinalam), tudo está perdido. Antes que a centelha chegue à dinamite, é preciso que o pavio que queima seja cortado (BENJAMIN, 2000, p. 46).

Além disso, com a obra de Lukács, Benjamin foi colocado em contato com o pensamento de Marx que discutia o fetichismo da mercadoria, adentrando-se no processo de produção do capital e a questão do valor mediatizado pelo mercado. Ocorre que, com Lukács, este conceito foi utilizado para outras esferas da vida social, o que não fora a intenção inicial de Marx, para quem tratava-se de focar o fetichismo da mercadoria no modo de produção capitalista. O capitalismo moderno, portanto, estava ampliando seu raio de ação e de presença, atingindo a cultura, a política, a arte etc. Isto significa que o fetichismo aparecia focado em outros níveis, de forma revivificada, como ocorria também, segundo Rubbo (2010, p. 15), em conceitos como "a 'racionalidade instrumental' (Horkheimer), a 'unidimensionalidade' (Marcuse), a 'identidade' (Adorno) e a 'disciplina' (Foucault)". Lukács (2003), por sua vez, ao levar a abordagem para várias esferas, identificou que todas estão atravessadas pelo capitalismo moderno; sob o impacto deste, "a atividade do trabalhador perde cada vez mais seu caráter ativo para tornar-se uma atitude contemplativa" (p. 204), cuja temporalidade tende a ser automatizada, com o tempo e o espaço reduzidos "a um mesmo denominador, e o tempo em nível de espaço" (p. 204).

A influência de Lukács foi notória, dispondo Benjamin a uma aproximação do marxismo, provocando uma maior radicalização de sua abordagem em certos temas, como no caso do capitalismo moderno e seu pretendido progresso, da linearidade da história própria das filosofias burguesas, das formas de alienação, das vítimas da civilização urbana e industrial, dos comportamentos autômatos, da sua reticência e mesmo distanciamento da variante stalinista do comunismo. Num contraponto ao stalinismo, Benjamin demonstrou interesse por Trotsky, sobretudo depois de ter lido a sua autobiografia. Neste contexto, entendemos que Walter Benjamin, junto com Franz Rosenzweig, tenham enfatizado o messianismo e a redenção contra o progresso (LÖWY, 2012, p. 27-45).

1.3 A apropriação por Paulo Freire

Paulo Freire se aproximou do marxismo como cristão. E não deixou de sê-lo ao servir-se de categorias marxistas. Na primeira fase da elaboração de seu pensamento, junto com as práticas empreendidas, o aporte do pensamento cristão foi indiscutível, como já vimos acima, representado sobretudo na obra *Educação como prática da liberdade*. Sem perder essa base primeira, à qual continuou se referindo ao longo de sua vida, Freire não teve receio de buscar no marxismo o que podia ajudá-lo a compreender a realidade objetiva, o que ocorreu notadamente na obra *Pedagogia do oprimido*. No estudo sobre *Educação segundo Paulo Freire: da participação à libertação*, Agostini e Silveira (2018, p. 157) afirmam que "Paulo Freire, nessa fase, foi leitor das obras de Georg Wilhelm Friedrich Hegel, Karl Marx, Friederich Engels, György Lukács, Erich Fromm, Herbert Marcuse, entre outros", lembrando que "estávamos na segunda metade da década de 60, entrando para a de 70 do século

XX", quando "o contato com o marxismo propiciou-lhe o estudo da teoria materialista".

Mesmo que a sistematização do aporte marxista tenha vindo mais tarde, Paulo Freire, desafiado pela realidade, percebeu cedo que Marx tinha uma contribuição da qual foi se apropriando progressivamente. Vejamos o que o próprio Freire (2007b) afirma:

> Quando muito moço, muito jovem, eu fui aos mangues do Recife, aos córregos do Recife, aos morros do Recife, às zonas rurais de Pernambuco trabalhar com os camponeses, com as camponesas, com os favelados. Eu confesso, sem nenhuma churuminga, eu confesso que fui até lá movido por uma certa lealdade ao Cristo, de quem eu era mais ou menos camarada. Mas o que acontece é que, quando eu chego lá, a realidade dura do favelado, a realidade dura do camponês, a negação de seu ser como gente, a tendência àquela adaptação de que a gente falou antes, aquele estado quase inerte diante da negação da liberdade, aquilo tudo me remeteu a Marx. Eu sempre digo, não foram os camponeses que me disseram: Paulo, tu já leste Marx? Não, eles não liam nem jornal. Foi a realidade deles que me remeteu a Marx. E eu fui, eu fui a Marx. E aí é que os jornalistas europeus de 70 [anos 70 do século XX] não entenderam a minha afirmação. É que quanto mais e quanto mais eu li Marx tanto mais eu encontrei uma certa fundamentação objetiva para continuar camarada de Cristo. Então, as leituras que eu fiz de Marx, de alongamentos de Marx, não me sugeriram jamais que eu deixasse de encontrar o Cristo na esquina das próprias favelas. Eu fiquei com Marx na mundanidade à procura do Cristo na transcendentalidade.

As obras escritas no exílio, especialmente no Chile, testemunham que Paulo Freire sistematizou suas práticas e suas reflexões integrando o materialismo histórico. Constatamos isso já na primeira obra dessa fase – *Extensão ou comunicação?* –, publicada inicialmente em 1968 e prefaciada por Jacques Chonchol, ministro da Reforma

Agrária do governo chileno. Nessa obra, o materialismo histórico foi integrado como método de investigação social e histórica, captando as contradições no funcionamento da sociedade. A exploração dos trabalhadores, a opressão que lhes era imposta pelas classes dominantes foi compreendida no desnudamento da realidade, buscando deslanchar uma perspectiva de educação em prol da humanização das mulheres e dos homens, o que implicava a luta pela transformação da sociedade. Afirmava a importância da relação dialógica no processo educativo, evitando toda forma de invasão cultural e oportunizando vias de libertação. Ao buscar o sentido fundamental do ato de conhecer, Freire (2011, p. 26) criticou toda "ação de levar, de transferir, de entregar, de depositar algo em alguém", como um procedimento "mecanicista" e apresentou o conhecimento a partir de uma compreensão dialética e materialista da sociedade, no qual o ser humano se distingue como ser da práxis, unindo ação e reflexão (p. 30), numa ação permanente com o mundo e sobre ele (p. 46). Entendemos, então, que Freire tenha organizado as práticas e construído o conhecimento apontando para o educador, segundo Mafra e Camacho (2017) como "ator social comprometido com a liberdade e com as transformações sociais" (p. 131), como responsável por desenvolver uma "reflexão crítica", "fundamental para a superação da concepção bancária, bem como para a afirmação da consciência crítica que desvela o mundo" (p. 132).

 O trabalho do educador brasileiro na coordenação do projeto extensionista do Instituto de Capacitación e Investigación en Reforma Agrária (Icira) do governo chileno permitiu que Paulo Freire produzisse o texto acima indicado, *Extensão ou comunicação?*, sendo este preparatório para a sua obra de maior envergadura, ou seja, *Pedagogia do oprimido*, publicada logo em seguida também no Chile. A apropriação que ele faz de Marx e de marxistas diversos é muito clara nessa obra, já que os cita diversas vezes. Mesmo assim, o pedagogo brasileiro se postou como um grande humanista de origem cristã; porém, seu legado passou a entrelaçar-se com o humanismo marxista. Análises feitas por Fernandes (2016, p. 482) sobre este entrelaçamento verificam, todavia, o seguinte:

> Freire faz referências teóricas diretas à literatura marxista, incluso o próprio Marx, mas frequentemente demonstra certa incoerência ao misturar e combinar uma variedade de conceitos que considera importantes para a pedagogia crítica mesmo se eles originam de posições teóricas diferentes ou conflitantes (tais como referências a Karl Popper e a sociedade aberta liberal, mas também a Georg Lukács e Erich Fromm).

As mesmas análises asseguram que, "não obstante, a pedagogia da libertação de Freire está enraizada nos princípios fundamentais do humanismo marxista, uma vez que visa superar a opressão através de um processo de conscientização crítica fundamentado na unidade dialética entre teoria e prática transformadoras" (FERNANDES, 2016, p. 482). Encontram-se em Freire a relação dialética entre ação e reflexão, a necessidade de uma reflexão crítica, o aspecto revolucionário da práxis, o projeto revolucionário de emancipação, a leitura da realidade e suas contradições enquanto pedagogia problematizadora, a busca de alternativas libertadoras que superem a opressão em sua lógica binária opressor/oprimidos e busquem a restauração da humanidade de ambos.

Na obra *Pedagogia do oprimido*, temos indicações diretas da apropriação que Paulo Freire faz de Marx e do marxismo. Vejamos algumas delas. Trata-se, algumas vezes, de citações diretas; na maioria das vezes, são indicações indiretas; nem sempre são indicadas as obras de referência. Por exemplo, quando Freire (2014b, p. 51) quer enfatizar que "não há mundo sem homens", que "não há uns sem os outros, mas ambos em permanente integração", menciona Marx com as seguintes palavras: "Em Marx, como em nenhum pensador crítico, realista, jamais se encontrará esta dicotomia. O que Marx criticou, e cientificamente destruiu, não foi a subjetividade, mas o subjetivismo, o psicologismo". Segue-se a afirmação de que "transformar a realidade opressora é tarefa histórica, é tarefa dos homens". Citando Marx e Engels, na obra sobre *A Sagrada Família e outros escritos* (p. 6), Freire (2014b, p. 52) vai em busca do que possa ser a práxis autêntica, na relação dialética subjetividade-objetividade, destacando o texto: "Hay que hacer la opresión real todavia más opressiva añadiendo a aquella la consciencia de la opresión"[14] (MARX; ENGELS, 1967, p. 6). Após esta citação, Freire (2014b, p. 52) assinala que "somente na sua solidariedade, em que o subjetivo constitui com o objetivo uma unidade dialética, é possível a práxis autêntica".

Diante do permanente estado de "imersão" dos oprimidos, Freire (2014b, p. 54) apresenta a advertência de Lukács (1965, p. 62) ao partido revolucionário de que [...] *"il doit, pour employer les mots de Marx, expliquer aux masses leur propre action non seulement afin d'assurer la continuité des expériences revolutionnaires du prolétariat, mais aussi d'activer consciemment le développement ultérieur de ces expériences"*[15]. Freire (2014b) interpreta o texto na linha da necessidade de uma "inserção crítica" das massas populares, no sentido de "desvelar a realidade objetiva e desafiadora sobre a qual elas devem incidir sua ação transformadora, tanto mais se 'inserirem' nela criticamente" (p. 54), fazendo, porém, a seguinte ressalva: "Para nós, contudo, a questão não está propriamente em explicar às massas, mas em dialogar com elas sobre a sua ação" (p. 55).

Freire (2014b), por diversas vezes, cita Erich Fromm, para apresentar uma visão do ser humano. Parte do seu livro *El corazón del hombre* para sublinhar a visão necrófila dos opressores que, com sua consciência possessiva do mundo e dos homens, transformam

---

14 Em sua obra *Pedagogia do oprimido*, Paulo Freire faz a citação em espanhol, que conservamos.

15 Mantivemos o texto em francês, como consta no original da obra de Paulo Freire.

tudo em objeto de compra, insaciáveis pelo lucro. Convertem "um homem em coisa, algo animado em inanimado"; minam a vida com o seu sadismo, buscando controlar tudo, até que "o viver perca uma qualidade essencial da vida: a liberdade" (FROMM, 1967, p. 30; apud FREIRE, 2014, p. 63). Se por um lado a opressão, com seu controle, mata a vida, inibindo o poder de criar e de atuar do ser humano, por outro lado provoca também, segundo Freire (2014b, p. 91), a "recusa à impotência"; os seres humanos tentam, então, "restabelecer a sua capacidade de atuar" (FROMM, 1967, p. 28-29).

A obra *Pedagogia do oprimido* contém outras citações de obras e autores marxistas. Para denunciar o uso da ciência e da tecnologia como formas de opressão, Freire (2014b) cita Herbert Marcuse e suas obras *L'Homme unidimensionnel* e *Éros et civilisation* (p. 65). Ao citar a "ordem" que se impõe sobre os oprimidos, frustrando-os e levando-os por vezes à violência contra os próprios companheiros, remete para Frantz Fanon, na obra *Los condenados de la Tierra* (p. 68). Descreve a consciência colonizada, citando Albert Memmi, no seu livro *Retrato do colonizado precedido pelo retrato do colonizador* (p. 69). Acrescenta a análise da vulnerabilidade do oprimido e a prepotência e invulnerabilidade do opressor, citando Regis Debret em sua obra *La revolución en la Revolución* (p. 70). Mais de uma vez, cita Álvaro Vieira Pinto, que coordenou o Departamento de Filosofia do Instituto Superior de Estudos Brasileiros (Iseb), na segunda metade dos anos de 1950, para falar da consciência como intencionalidade e, portanto, como método de "estar com o mundo", sendo sua obra *Ciência e existência* uma referência (p. 77). Cita igualmente Simone de Beauvoir, em *El Pensamiento Político de la Derecha* (p. 34), para enfatizar que "o que pretendem os opressores 'é transformar a mentalidade dos oprimidos e não a situação que os oprime'" (p. 84). Ao apontar para a relação entre consciência e mundo, cita Jean-Paul Sartre em sua obra *El Hombre y las Cosas* (p. 98). Outros marxistas são igualmente citados, tais como:

Vladimir Lenin, Pierre Furter, Karel Kosik, Gajo Petrović, Louis Anthusser, Lucien Goldman, Francisco Weffort, José Luís Fiori, Mao Tsé-Tung, Fidel Castro e Ernesto Guevara.

2
O legado da Teoria Crítica da Sociedade

Para melhor compreendermos as obras de Walter Benjamin e Paulo Freire, vamos percorrer os cenários da Teoria Crítica da Sociedade e decifrar o seu legado. Como afirma Nobre (2014, p. 13), esta busca "traz consigo uma grande quantidade de dados e elementos a serem analisados", para exemplificar dizendo: "Vê-se, por exemplo, que a Teoria Crítica está ligada a um instituto, a uma revista, a um pensador que estava no centro de ambos (Horkheimer) e a um período histórico marcado pelo nazismo (1933-1945), pelo stalinismo (1924-1953) e pela Segunda Guerra Mundial (1939-1945)". O percurso que faremos, a seguir, nos levará aos meandros deste itinerário, iniciando pelo conceito de Teoria Crítica, passando pela compreensão de barbárie, para chegar à afirmação da autonomia.

2.1 O conceito de Teoria Crítica

Compreender o conceito de Teoria Crítica é nosso intento aqui. Devedor inicialmente a Max Horhheimer, faz-se necessário distingui-lo da teoria tradicional, da indústria cultural, da mistificação das massas para que se revele em toda sua força enquanto esclarecimento dentro de um processo histórico concreto.

2.1.1 Teoria Tradicional

"Teoria é o saber acumulado de tal forma que permita ser este utilizado na caracterização dos fatos tão minuciosamente quanto possível" (HORKHEIMER; ADORNO, 1991, p. 31). Com esta afirmação, Horkheimer e Adorno (1991, p. 31) nos iniciam na captação do que é teoria no quadro da ciência, apontando para uma "sinopse de proposições" que chega a estabelecer ou descobrir os "princípios mais elevados", dos quais se deduz outras proposições ou mesmo teorias. Há, porém, um elemento de validade; este reside na "consonância das proposições deduzidas com fatos ocorridos" (HORKHEIMER; ADORNO, 1991, p. 31).

A meta da teoria é chegar a estabelecer a ciência, abrangendo todos os objetos possíveis e os ramos mais diversificados, classificando a natureza viva para, enfim, estabelecer as regras de seu manejo, tanto no que diz respeito à dedução, ao material que lhe concerne e aos métodos de comparação ante as proposições advindas ou deduzidas da constatação de fatos. É construída, assim, uma ordem do mundo, com proposições mais gerais, ordem esta que se dá a uma série de deduções conectadas, lógicas, intelecções evidentes, livres de contradição. Estamos diante de um "sistema fechado de proposições", sendo esta a leitura que Horkheimer e Adorno (1991, p. 32) fazem a partir da obra de Husserl *Formale und transzendentale Logik*, para afirmarem que teoria é "um encadeamento sistemático de proposições de uma dedução sistematicamente unitária" e que ciência significa "um certo universo de proposições [...] tal como sempre surge do trabalho teórico, cuja ordem sistemática permite a determinação (*Bestimmung*) de um certo universo de objetos" (HUSSERL, 1929, p. 79, 91).

A modo da matemática, dá-se aqui a preferência a métodos de formação exata, estabelecidos de cima para baixo, com pontos de referência claros, numa ordem conceitual do saber à qual o fato concreto é subsumido. Vemos, assim, que "o conceito da teoria é independizado, como que saindo da essência interna da gnose (*Erkenntnis*), ou possuindo uma fundamentação a-histórica, ele se transforma em uma categoria coisificada (*verdinglichte*) e, por isso, ideológica" (HORKHEIMER; ADORNO, 1991, p. 35). Estamos no coração do sentido tradicional de teoria, segundo a qual se aplicam "os princípios e leis a fenômenos particulares, formulando hipóteses que se constituem em previsões sobre o que tem necessariamente de ocorrer a partir de determinadas condições iniciais" (NOBRE, 2014, p. 35).

> Entendida assim, a teoria científica coloca como tarefa unicamente o estabelecimento de vínculos necessários entre os fenômenos naturais a partir de leis e princípios mais gerais. Com isso, o cientista é aquele que observa os fenômenos e estabelece conexões objetivas entre eles, quer dizer, conexões que se dão na natureza independente de qualquer intervenção de sua parte (NOBRE, 2014, p. 35).

Como observador dos fenômenos, cabe ao cientista captar a cadeia causal dos elementos que se apresentam numa construção dada de antemão e necessária. Assim, mesmo quando se trata do estudo do homem e da sociedade, ficam separados o cientista e o agente social, sendo o primeiro um mero observador e não um avaliador, descrevendo como os fenômenos funcionam e não se imiscuindo como um participante do social ou objeto simultâneo de investigação. Separa-se, desta forma, o domínio do conhecimento e o domínio da ação, não cabendo "ao cientista qualquer valoração do objeto estudado, mas tão somente a sua classificação e explicação segundo os parâmetros neutros do método" (NOBRE, 2014, p. 35). Em vez de dar-se à ação, de buscar um objetivo prático ou de imergir na realidade igualmente como agente social ou alguém que possui uma concepção de mundo, cabe ao cientista manter-se na apresentação dos fenômenos sociais, fora de qualquer valoração do objeto de pesquisa e atendo-se a uma disciplina específica (Sociologia, Antropologia, Psicologia etc.), ou a diferentes especializações da atividade de pesquisador, inclusive no âmbito de uma mesma disciplina.

Estamos no coração do saber produzido pelo Iluminismo que conduz à ciência moderna; esta, longe de levar à emancipação, "se manifesta na ciência e na técnica", enquanto "razão instrumental" (FREITAG, 1986, p. 35). O pensamento de Descartes está na base desta teoria tradicional e positivista. Em vários escritos, Horkheimer denuncia o caráter sistêmico e conservador desta teoria, tais como em *Zeischrift*, *Eclipse da razão*, *Crítica à razão instrumental* e, em especial, na *Dialética do esclarecimento*. Nesses escritos, as reflexões feitas em torno da razão mostram a sua funcionalidade no mundo moderno.

Freitag (1986, p. 38), ao apresentar que a Teoria Tradicional "se preocupa em formar sentenças que definem conceitos universais", procedendo "dedutiva ou indutivamente..., condenando a contradição", afirma que "as manifestações empíricas da natureza e da sociedade devem e podem ser subsumidas nas sentenças gerais, encaixando-se no sistema teórico montado *a priori* (com o auxílio da dedução) ou *a posteriori* (através da indução)". A relação entre os fatos empíricos e as sentenças gerais é de subordinação e de integração, transformando a ciência e a técnica modernas em razão instrumental e até repressiva, chegando "ao controle autoritário da natureza e à dominação condicional dos homens" e deflagrando, entre a ciência e o seu objeto, "uma relação ditatorial" (FREITAG, 1986, p. 35).

2.1.2 Teoria Crítica

Para Horkheimer e Adorno (1991, p. 47), o pensamento efetivamente crítico não significa "apenas um processo lógico, mas também um processo histórico concreto". Diferentemente da Teoria Tradicional, cujo método é atemporal, a-histórico e ajusta-se à dominação, justificando a divisão social de classes, a Teoria Crítica reconhece as condicionantes históricas em seu método, sendo este constitutivo do conhecimento da realidade social bem como da ação social. Para Nobre (2014, p. 38), "se a realidade social é o resultado da ação humana, esta se dá, por sua vez, no contexto de estruturas históricas determinadas, de uma dada forma de organização social". Consequentemente, como primeiro passo, a Teoria Crítica passa a "investigar essas estruturas, de maneira a descobrir quais são as condições históricas em que se dá a ação" (NOBRE, 2014, p. 39).

"Captar a dimensão histórica dos fenômenos, dos indivíduos e das sociedades" faz parte, segundo Freitag (1986, p. 38), da "estrutura lógica da Teoria Crítica".

> A Teoria Crítica sugere uma relação orgânica entre sujeito e objeto: o sujeito do conhecimento é um sujeito histórico que se encontra inserido em um processo igualmente histórico que o condiciona e o molda. Enquanto o teórico "crítico" sabe sua condição, o teórico "tradicional", concebendo-se fora da dinâmica histórica e social, tem uma percepção distorcida de sua atividade científica e de sua função. Enquanto esse último se resigna ao imobilismo e ao quietismo, justificando-o com a ideologia da neutralidade valorativa, o teórico não tradicional assume sua condição de analista crítico da situação, procurando colaborar na intervenção e no redirecionamento do processo histórico em favor da emancipação dos homens em uma ordem social justa e igualitária (FREITAG, 1986, p. 42).

O indivíduo, na visão tradicional, "aceita naturalmente como preestabelecidas as determinações básicas de sua existência e se esforça para preenchê-la", constatam Horkheimer e Adorno (1991, p. 44), que afirmam:

> Ao contrário, o pensamento crítico não confia de forma alguma nesta diretriz, tal como é posta à mão de cada um pela vida social. A separação entre indivíduo e

sociedade, em virtude da qual os indivíduos aceitam como naturais as barreiras que são impostas à sua atividade, é eliminada na Teoria Crítica na medida em que ela considera ser o contexto condicionado pela cega atuação conjunta das atividades isoladas, isto é, pela divisão dada do trabalho e pelas diferenças de classe, como uma função que advém da ação humana e que poderia estar possivelmente subordinada à decisão planificada e a objetivos racionais.

Horkheimer e Adorno (1991, p. 45) destacam que "o reconhecimento crítico das categorias dominantes na vida social contém ao mesmo tempo a sua condenação", pois "os homens agem como membros de um organismo irracional", sinalizando que este "organismo não é para a sociedade uma espécie de modelo, mas sim uma forma apática do ser, da qual tem que se emancipar"; por isso, apontam para a necessidade de "um comportamento que esteja orientado para essa emancipação, que tenha por meta a transformação do todo". Para além da práxis social dominante, o comportamento crítico opõe-se ao conceito tradicional de teoria. Sendo assim, segundo Horkheimer e Adorno (1991, p. 52), "o sentido não deve ser buscado na reprodução da sociedade atual, mas na sua transformação".

Em decorrência do que estamos analisando, duas opções opostas se apresentam ao intelectual orgânico, assim expressas por Freitag (1986, p. 42): "Como alguém que colabora ou na tentativa de cimentar as relações sociais e de dominação existentes (teóricos tradicionais) ou na luta pela libertação dos oprimidos e sacrificados pelo sistema social vigente (teóricos críticos)". Continuando, Freitag (p. 42-43) destaca o papel estratégico que os intelectuais assumem quando se apresenta a necessidade de "uma reformulação da dinâmica histórica", apontando para "a produção e concretização de uma nova concepção do mundo, de um mundo sem repressões de classe, baseado na liberdade e na autodeterminação", ficando claro que Horkheimer tem uma clara posição "em favor da razão emancipatória".

A Teoria Crítica provoca uma transição ao superar o idealismo enquanto "tradição estritamente especulativa" da filosofia que, mesmo crítica, baseava-se "num padrão referencial sem ser produto social" (MAAR, 2012, p. 9-10). Com Marx, supera-se este idealismo, lançando as bases para uma dimensão material e sócio-histórica da própria crítica. Ultrapassa-se a mera especulação e reflexão idealistas, para mergulhar numa prática crítica efetivamente social, resgatando a sua dimensão ativa, provida da base material e dialética. Maar (2012, p. 11) situa, nesta mudança, o *"marco fundador de uma nova apreensão de teoria*, que, de *filosófica*, passaria doravante a ser *social*"[16]. O trajeto desta inflexão para o social vem "caracterizado pelo seu nexo muito próprio entre a teoria e a prática e entre o sujeito e o objeto" (MAAR, 2012, p. 9).

A posição diferenciada nesta inflexão para o social origina, segundo Maar (2012), uma "posição crítica em relação ao vigente" (p. 9), na sua formação social capitalista e de fetichização da mercadoria, que produz "uma estrutura reificada da consciência" (p. 13). A reprodução da sociedade vigente conforma a própria consciência, convertendo o sujeito em objeto; este sujeito, transformado em objeto, torna-se o caminho mediante o qual é realizada e difundida esta reprodução. Entramos no campo da indústria cultural, na qual a própria subjetividade é cerceada pelo processo da semiformação, cabendo aos indivíduos a adaptação e o conformismo. Está, assim, aberto o caminho para o que Pucci, Zuin e Lastória (2010, p. 2-5) apresentam como "recrudescimento da barbárie", em meio à "reprodução da miserabilidade humana tanto física quanto espiritual", num "processo de embrutecimento". É o que analisaremos nos próximos itens.

---

16 O itálico é do próprio autor.

2.1.3 O esclarecimento: indústria cultural e mistificação das massas

Tradução de *Aufklärung*, o termo *esclarecimento* reúne definições como "processo de emancipação intelectual", "crítica das prevenções inculcadas nos intelectualmente menores por seus maiores", "processo pelo qual, ao longo da história, os homens se libertam das potências míticas da natureza", "esclarecimento que devemos no uso da razão" ou que "resulta da reflexão e da crítica"[17].

Nossa referência principal, nesta parte, é a obra *Dialética do esclarecimento* de Horkheimer e Adorno (1985), que viveram o terror do nazismo e do fascismo; nesse texto, se pautaram pela "ideia de que hoje importa mais conservar a liberdade, ampliá-la e desdobrá-la" (p. 10). Eles estavam igualmente conscientes do horror que significava o mundo dividido em dois blocos, no tempo da Guerra Fria, bem como os conflitos no Terceiro Mundo e o crescimento do totalitarismo, fatos que exigiam um pensamento crítico para salvar os "últimos resíduos de liberdade" (p. 9). Constatavam que "a humanidade, em vez de entrar em um estado verdadeiramente humano, estava se afundando em uma nova espécie de barbárie", o que apontava para o "colapso atual da civilização burguesa" (p. 11).

Para Horkheimer e Adorno (1985), uma depravação estava em curso; tratava-se da mercantilização do pensamento e da linguagem, o que provocava um "cerceamento da imaginação teórica", verdadeiros "mecanismos de censura", cujo resultado é o "desvario político", numa "autodestruição do esclarecimento" (p. 12-13). Segundo eles, o cenário contém os "germes para a regressão", assim expressa:

> A disposição enigmática das massas educadas tecnologicamente a deixar dominar-se pelo fascínio de um despotismo qualquer, sua afinidade autodestrutiva com

---

[17] Nota preliminar do tradutor Guido Antonio de Almeida. In: HORKHEIMER, M; ADORNO, T.W. *Dialética do esclarecimento*: fragmentos filosóficos. Rio de Janeiro: Zahar, 1985, p. 7-8.

a paranoia racista, todo esse absurdo incompreendido manifesta a fraqueza do poder de compreensão do pensamento teórico atual" (p.13).

Este cenário, vivenciado nos anos 40 do século XX pelo povo alemão e europeu em geral, aponta o quanto os indivíduos de todas as épocas podem ser anulados pelos poderes econômicos, pelos aparelhos do Estado, por ideologias cegas, quando a vida administrada ideotiza as pessoas, fazendo com que o próprio progresso se converta em regressão. Neste caso, forja-se, segundo Horkheimer e Adorno (1985, p. 16), uma verdadeira "indústria cultural", na qual dá-se a "regressão do esclarecimento à ideologia", numa "configuração da verdade", reveladora do "caráter maligno" que invade o social, num "retorno efetivo da civilização esclarecida à barbárie".

Estamos pagando um alto preço com a entrada em cena do poder. "O despertar do sujeito, segundo Horkheimer e Adorno (1985, p. 24), tem por preço o reconhecimento do poder como o princípio de todas as relações", um poder que se quer soberano ante a existência, estando no comando, qual senhor, à imagem e semelhança de Deus. O que assistimos, para Freud (1924, p. 110), é a "confiança inabalável na possibilidade de dominar o mundo". Na descrição de Horkheimer e Adorno (1985, p. 24) aconteceu uma metamorfose.

> O mito converte-se em esclarecimento, e a natureza em mera objetividade. O preço que os homens pagam pelo aumento de seu poder é a alienação daquilo sobre o que exercem o poder. O esclarecimento comporta-se com as coisas como o ditador se comporta com os homens. Esse conhece-os na medida em que pode manipulá-los. O homem de ciência conhece as coisas na medida em que pode fazê-las. É assim que seu *em si torna-se para ele*. Nesta metamorfose, a essência das coisas revela-se como sempre a mesma, como substrato da dominação [...]. A natureza desqualificada torna-se a matéria caótica para uma simples classificação e o eu todo-poderoso torna-se o mero ter.

Desenha-se um quadro no qual as cartas já estão na mesa, os pensamentos previstos e até as descobertas já se encontram projetadas de antemão. Resta aos seres humanos se adaptarem caso queiram se autoconservar, ratificando a reprodução do mesmo, dentro dos limites da experiência possível porque administrada. O mercado reage com indiferença, modelando as pessoas para que, na ilusão de serem únicas, se tornem iguais, conduzidas pela mão invisível de uma coerção social, na submissão profunda da coletividade que, manipulada, nega até a condição de indivíduo. Tudo remete a uma igualdade, agora ela também fetichizada, num pensar sempre igual, numa inculcação no indivíduo de comportamentos normalizados, como se fossem os únicos naturais, brutalizando a vida, cujo quadro é o seguinte:

> O preço da dominação não é meramente a alienação dos homens com relação aos objetos dominados; com a coisificação do espírito, as próprias relações dos homens foram enfeitiçadas, inclusive as relações de cada indivíduo consigo mesmo. Ele se reduz a um ponto nodal das reações e funções convencionais que se esperam dele como algo objetivo (HORKHEIMER; ADORNO, 1985, p. 40).

Constata-se uma regressão que leva os dominados à imaturidade, a se enquadrarem como "meros seres genéricos, iguais uns aos outros pelo isolamento na coletividade governada pela força", segundo Horkheimer e Adorno (1985, p. 47). A linguagem, as armas e as máquinas transformam-se em instrumentos de dominação que alcançam a todos; tais instrumentos chegam mediados pelo mercado e a ideologia, com a função de assegurar a mistificação das massas. Isto abre o caminho para o poder absoluto do capital que transforma tudo num negócio, incluindo a indústria cultural; dissemina bens padronizados, necessidades iguais, legitimando o que é lixo como arte, bastando que sejam rentáveis ao negócio. Esta falsidade objetiva é identificada por Adorno (1986) com a ideologia que não seria apenas um conjunto de ideias, num sentido subjetivo, mas "a aparência socialmente necessária" que se confunde com "a própria sociedade real" (p. 88).

Na mão dos economicamente mais fortes, a racionalidade técnica é transformada em força de dominação. Perde-se a lógica da obra, cooptada assim pelo sistema social, pela sua padronização, sujeita aos rendimentos que possa auferir. Vive-se a ilusão da concorrência e no faz de conta de que a escolha cabe ao consumidor. O que existe, para Horkheimer e Adorno (1985, p. 114-117), é o controle da própria consciência individual, à mercê do "esquematismo da produção", dos clichês prontos, numa "arte sem sonho destinada ao povo", em meio a uma "sociedade que permanece irracional apesar de toda racionalização". Impõe-se a totalidade, a ideia abrangente, a ordem, sendo que o todo se antepõe, substituindo a obra. Chegamos à paz sepulcral que invade a indústria cultural. Esta "desenvolveu-se com o predomínio que o efeito, a *performance* tangível e o detalhe técnico alcançaram sobre a obra, que era outrora o veículo da Ideia e com essa foi liquidada [...]. O mundo inteiro é forçado a passar pelo filtro da indústria cultural" (HORKHEIMER; ADORNO, 1985, p. 118).

> A violência da sociedade industrial instalou-se nos homens de uma vez por todas. Os produtos da indústria cultural podem ter a certeza de que até mesmo os distraídos vão consumi-los alertamente. Cada qual é um modelo da gigantesca maquinaria econômica que, desde o início, não dá folga a ninguém, tanto no trabalho quanto no descanso, que tanto se assemelha ao trabalho. [...] Cada manifestação da indústria cultural reproduz as pessoas tais como as modelou a indústria em seu todo (HORKHEIMER; ADORNO, 1985, p. 119).

Vivemos uma mistificação das massas através de um sistema da não cultura, da barbárie estilizada, das linguagens condicionadas, da consagração da imitação, da integração como forma de sobrevivência, da prisão do corpo e da alma, do consumo predeterminado, da mecanização do próprio lazer, da inutilidade de um pensamento e de um esforço intelectual próprios, da reprodução mecânica do belo, da diversão como lenitivo tanto da consciência como do pensamento, da derrota do sujeito pensante.

Em meio a contextos como estes, é preciso resgatar a esperança e investir no esclarecimento com "o objetivo de livrar os homens do medo e de investi-los na posição de senhores", de "desencantar o mundo", bem como de "dissolver os mitos e substituir a imaginação pelo saber" (HORKHEIMER; ADORNO, 1985, p. 19). Mesmo diante do enlace de três invenções – a ciência, a guerra e o mundo das finanças –, o saber ainda guarda uma reserva de superioridade do ser humano, com a possibilidade de vencer a superstição, dar direção à técnica, superar o animismo, derrubar os mitos, submeter a natureza, enfim avançar no processo de humanização, enquanto impulsionada por uma ciência social comprometida.

Para Adorno (2009), sobretudo na *Dialética negativa*, um de seus livros principais, é preciso rejeitar qualquer visão sistêmica ou totalizante da sociedade, ideia esta que atravessa a sua obra. A dialética é desenvolvida, segundo Zuin, Pucci e Ramos-de-Oliveira (2012, p. 42), como "o esforço permanente de superação da realidade cotidiana", inserindo-se "no vasto leito das tradições kantianas e hegelianas de um Iluminismo emancipatório". Existe aqui uma defesa do poder crítico e da emancipação dos seres humanos.

O método de investigação que deriva da Teoria Crítica e dialética da sociedade nos fornece instrumentos de análise e metodologias de investigação que nos permitem esclarecer os meandros da Modernidade, enquanto portadora de uma problemática reveladora da barbárie, sob a capa ilusória da semiformação.

2.2 A barbárie: Modernidade e a semiformação

Partindo do lixo da rua, numa crítica heroica da Modernidade, qual poeta que recolhe o esbulho da sociedade, faz-se urgente tomar posição. É preciso "dar feição à Modernidade" (BENJAMIN, 1975a, p. 17). Em meio aos choques da consciência, mesclados com o prazer de olhar, sem desdenhar do combate em seus mínimos detalhes, vemos Benjamin (1975a, p. 11) citar Baudelaire:

> Seja qual for o partido a que se pertença, escreveu Baudelaire em 1851, é impossível não ficar emocionado com o espetáculo desta população doentia, que engole a poeira das fábricas, que inala partículas de algodão, que deixa penetrar seus tecidos pelo alvaiade, pelo mercúrio e por todos os venenos necessários à realização das obras-primas [...]. Esta população espera os milagres a que o mundo lhe parece dar direito; sente correr sangue purpúreo nas veias e lança um longo olhar carregado de tristeza à luz do sol e às sombras dos grandes parques.

Eis o pano de fundo dos heróis que, para viver a Modernidade, "se suicidam pelo desespero de não poder ganhar o pão de cada dia" (BENJAMIN, 1975a, p. 13), largados nos submundos da cidade, na solidão, vítimas de um contrato social que lhes atribui o lixo, destinados à derrota. Essa modernidade já nasce antiga, revestida de uma beleza transitória, marcada pela fugacidade. Quando pensa ter conquistado o seu direito, é justamente quando é posta à prova. E, frágil como o vidro, ei-la mergulhada em torpor, na tristeza ante o caminho trilhado, sem esperança em relação ao futuro.

Em meio a palácios e monumentos, aí está uma modernidade que se erige às custas de catástrofes, numa "inevitável caducidade de todas as coisas humanas", como a cidade que se empanturra de aparente vida, carregando a morte em si mesma, fruto da barbárie, esta produtora de catástrofes. Até a mulher, quando integrada como força de trabalho fora de casa, é condicionada no fundo das fábricas a um trabalho escravo, que lhes rouba a beleza, masculinizando-a. Os tempos de decadência se apresentam em toda a sua virulência, em meio a um progresso que assedia, porém fruto de uma modernidade ancorada, amarrada e abandonada no cais de um porto sem alçar as velas para o alto-mar, para um destino que lhe dê direção. Decadente e trágica: esta é a Modernidade que enterra as esperanças e revela a sua barbárie, capaz de monstruosidades como Auschwitz.

"A barbárie encontra-se no próprio princípio civilizatório", atesta Adorno (2012, p. 120). Evitando a retórica idealista, é preciso reconhecer este elemento como a aberração que atravessa a sociedade, como "tendência dominante do progresso, do esclarecimento, do humanismo supostamente crescente" (ADORNO, 2012, p. 120). Assassinar de maneira planejada milhões de pessoas inocentes, como nos campos de concentração nazista, na guerra turca contra os armênios ou nas bombas lançadas sobre a população japonesa, entre outros, escancara o nacionalismo agressor tão presente em nossa história recente, num nexo histórico que se perpetua até nossos dias. Existem mecanismos incrustados nas pessoas que cometem tais atrocidades, cujas raízes da maldade residem em consciências desprovidas da capacidade de uma autorreflexão crítica.

Educar para que a monstruosidade de Auschwitz não se repita deve ser a meta educacional, pois persiste "a ameaça de uma regressão à barbárie" (ADORNO, 2012, p. 119), dada à pouca consciência desta monstruosidade, a cujo retrocesso estamos ameaçados. Num mundo administrado, facilmente a violência contra os fracos ou assim considerados constrói-se como mecanismo que engendra perseguições e mortes. É preciso um esclarecimento geral que não permita a repetição de tais barbáries, criando, segundo Adorno (2012, p. 123), "um clima em que os motivos que conduziram ao horror tornem-se de algum modo conscientes", tais como "comportamentos autoritários e autoridades cegas", a falta de "autodeterminação" quando se esfacelam os impérios, a incapacidade de viver a "liberdade" em meio aos vazios nos tempos de transição e a fácil cooptação de populações inteiras pelo potencial autoritário de tresloucados fascistas e seu caráter manipulador.

O caráter manipulador tende a enquadrar cegamente as pessoas. Não poucas vezes, "coletivos" são organizados a serviço deste enquadramento, como registrou a história com relação aos líderes nazistas e em outras ocasiões. Material de manobra, as pessoas já não reagem como autodeterminados, mas como massa amorfa.

> O caráter manipulador se distingue pela fúria organizativa, pela incapacidade total de levar a cabo experiências humanas diretas, por um certo tipo de ausência de emoções, por um realismo exagerado. A qualquer custo ele procura praticar uma pretensa, embora delirante, *realpolitik*. Nem por um segundo sequer ele imagina o mundo diferente do que ele é, possesso pela vontade de *doing things*, de fazer coisas, indiferente ao conteúdo de tais ações. Ela faz do ser atuante, da atividade, da chamada *efficiency* enquanto tal, um culto, cujo eco ressoa na propaganda do homem ativo (ADORNO, 2012, p 129).

Ante este caráter manipulador, a consciência, por sua vez, renuncia à autodeterminação. Esta consciência, segundo Adorno (2010, p. 9), "prende-se, de maneira obstinada, a elementos culturais aprovados", numa "onipresença do espírito alienado", resultando numa semiformação socializada que "passou a ser a forma dominante da consciência atual". Filha dileta da sociedade burguesa, a semiformação entrega as pessoas a serem cegas e mutantes, à mercê da indústria cultural, dissociando-se da humanidade, para a adaptação e a conformação, numa domesticação e submissão criadas pelo próprio ser humano. Sem a contradição para resguardar o que lhe vem da natureza em termos de liberdade e emancipação, na semiformação instala-se a acomodação, perpetua-se a deformidade e a sociedade apresenta-se inteiramente adaptada. E o que representou no passado a real formação "se congela em categorias fixas – sejam elas do espírito ou da natureza, de transcendência ou de acomodação –, cada uma delas, isolada, se coloca em contradição com o seu sentido, fortalece a ideologia e promove uma formação regressiva" (ADORNO, 2010, p. 11).

Através da adaptação, instala-se a dominação progressiva, num processo social no qual o sujeito se submete, aceita a autolimitação para garantir a sua autoconservação. A adaptação mantém-se nos limites da sociedade cega e restritiva, numa conformação ao poder estabelecido. Este é o caminho aberto para uma falsa racionalidade que, vazia ela também, se julga livre, amalgamando uma consciência e um espírito igualmente falsos.

A formação, oriunda da emancipação ante o feudalismo e a erudição medieval, descreve Adorno (2010, p. 12), "haveria de corresponder a uma sociedade burguesa de seres livres e iguais".

> A formação devia ser aquela que dissesse respeito – de uma maneira pura como seu próprio espírito – ao indivíduo livre e radicado em sua própria consciência, ainda que não tivesse deixado de atuar na sociedade e sublimasse seus impulsos. A formação era tida como condição implícita a uma sociedade autônoma: quanto mais lúcido o singular, mais lúcido o todo (ADORNO, 2010, p. 13).

Contraditoriamente, o que vimos em seguida foi a degradação para uma práxis heterônoma, escorregando na ideologia, numa traição da formação a si mesma, resvalando num mundo organizado, administrado, entregando-se à voracidade capitalista e a seus processos de desumanização, numa exclusão do proletariado à formação e ao ócio. Realidade socialmente constituída, a exclusão já não pode ser remediada com reformas caricatas; antes, o proletariado é refém do sistema, num processo de integração.

> Por inúmeros canais, fornecem-se às massas bens de formação cultural. Neutralizados e petrificados, no entanto, ajudam a manter no devido lugar aqueles para os quais nada existe de muito elevado ou caro. Isso se

consegue ao ajustar-se o conteúdo da formação, pelos mecanismos de mercado, à consciência dos que foram excluídos do privilégio da cultura [...]. A estrutura social e sua dinâmica impedem a esses neófitos os bens culturais que oferecem ao lhes negar o processo real da formação (ADORNO, 2010, p. 16).

Entramos no mundo da semicultura ou semiformação. Antítese da formação cultural tradicional, esta oferece mercadorias, numa coisificação da formação cultural, a partir de estruturas previamente colocadas, heterônomas. A perda da tradição provoca, segundo Adorno (2010, p. 21), a "devastação do espírito, [...] incompatível com a formação"; trata-se antes de um processo mecanizado que leva à depreciação do espírito, à secularização do teológico, à queda da metafísica, levando a uma consciência indigente. Entramos no tempo dos palavrórios vazios, em que a semiformação atinge o espírito e a própria vida sensorial. Adorno (2010, p. 25) sugere existir aí uma adulteração, arrematando que "a semiformação é o espírito conquistado pelo caráter de fetiche da mercadoria". E o mercado aposta na ignorância do leitor ou do público; este, ludibriado, já nem se dá conta da própria aniquilação, da falta de liberdade, do entulho que lhe é oferecido, da explosão da barbárie neste mundo administrado. São contundentes e claras as afirmações de Adorno (2010, p. 33):

> O semiculto dedica-se à conservação de si mesmo sem si mesmo.
>
> A experiência [...] fica substituída por um estado informativo pontual, desconectado, intercambiável e efêmero, e que se sabe que ficará borrado no próximo instante por outras informações.
>
> A semiformação é uma fraqueza em relação ao tempo, à memória [...]. Não é por acaso que o semiculto faz alarde de sua má memória, orgulhoso de suas múltiplas ocupações e da consequente sobrecarga.

O semiculto é conformista. Entrega-se fácil à alienação. Excluído da cultura, é presa fácil de um processo de despersonalização do mundo. Neutralizado no espírito, aniquilado na formação cultural, ei-lo entregue nas mãos da tendência dominante, chegando, segundo as palavras de Adorno (2010, p. 38), à "identificação com o agressor", a "subscrever completamente o que se supõe ser inevitável".

2.3 Autonomia, emancipação e autorreflexão crítica

Adorno (2010, p. 39) é enfático ao afirmar que "a única possibilidade de sobrevivência que resta à cultura é a autorreflexão crítica sobre a semiformação, em que necessariamente se converteu"; para ele, "impõe-se, nesta atual hora histórica, a reflexão sobre a formação".

Esta reflexão, Adorno a faz em diversos de seus textos. Em *Educação após Auschwitz*, ele nos diz que "torna-se necessário o que a esse respeito denominei de inflexão em direção ao sujeito" (ADORNO, 2012, p. 121), ressaltando a necessidade de leitura dos mecanismos que agem sobre as pessoas, despertando a consciência geral sobre sua influência, buscando impedir a barbárie que se expressa através do ódio e da fúria agressiva. Neste caso de violência, há uma ausência de consciência, tornando possível que as pessoas desfechem os golpes para todos os lados numa ação irrefletida a respeito de si próprias. Entendemos que Adorno (p. 121) afirme: "A educação tem sentido unicamente como educação dirigida a uma autorreflexão crítica". Esta deve começar já na primeira infância para que vá se construindo na pessoa "a capacidade de se contrapor ao que em qualquer tempo novamente seduz ao crime" (p. 122). A esta educação infantil deve aliar-se o esclarecimento geral, alimentador de "um clima intelectual, cultural e social" (p. 123) que toma consciência dos motivos e dos mecanismos que produzem o horror, como em Auschwitz. Isto significa preparar as pessoas para a autodeterminação, sendo a autonomia "o único poder efetivo" contra o horror dos holocaustos de ontem e de hoje, ou seja, a capacidade de reflexão que, livre das heteronomias, diz não à participação em atrocidades, sendo a desbarbarização "um dos objetivos educacionais mais importantes" (p. 126).

Adorno observa (2012, p. 126-138), no entanto, que é insuficiente apostar apenas no sistema educacional. Importa estar atentos ao estado de consciência, já que esta é mutilada de muitas formas, repercutindo no próprio corpo tanto no trabalho como no esporte. Precisamos estar atentos aos "coletivos" que tendem a instrumentalizar as massas e vigiar as pessoas, numa submissão cega ao poder estabelecido. É necessário fortalecer a capacidade de resistir através do esclarecimento, tornando conscientes os mecanismos subjacentes que tendem a produzir uma massa amorfa, conformada, fruto da manipulação. Aqui, é indispensável "levar a cabo experiências humanas diretas", no reconhecimento do outro, no respeito de sua dignidade. Supera-se, assim, o estágio de consciência coisificada, incapaz de fazer experiências, marcada pela incomunicabilidade e, por isso, desumana e desumanizadora. Romper este estado de consciência coisificada é garantir às pessoas sua capacidade de amar; isto se desdobra no amor aos outros como pessoas, aplicando este amor aos meios para que este não soçobre diante da fetichização da técnica, em cujo processo o "amor é absorvido por coisas" (p. 133), tornando as pessoas frias sob "o véu tecnológico" (p. 132), esquecendo-se que a técnica é "a extensão do braço dos homens" (p. 132). Importa libertar a consciência desta fetichização para que esta se reconecte com as pessoas, na busca de fins tais como "uma vida humana digna" (p. 132). Abre-se, então, o caminho para a atração e a simpatia entre as pessoas, para a preocupação "frente o destino dos outros" (p. 134), para "apagar a frieza que tudo penetra" (p. 135). "O primeiro passo seria ajudar a frieza a adquirir consciência de si própria, das razões pelas quais foi gerada" (p. 136), entrevendo aqui um caminho de conscientização dos mecanismos subjetivos e estereotipados, fortalecendo já na pré-consciência instâncias de resistência. Para Adorno, no texto em questão, é preciso fortalecer "a resistência por meio do esclarecimento" (p. 127), mostrando "as possibilidades concretas da resistência" (p. 136), lutando contra a perpetuação da própria servidão.

No texto *Educação, para quê?*, Adorno (2012, p. 139-154) enfatiza sua aposta no "homem autônomo, emancipado, conforme a formulação definitiva de Kant na exigência de que os homens tenham que se libertar de sua autoinculpável menoridade" (p. 141). Longe da mera modelagem das pessoas, da pura transmissão de conhecimentos, Adorno aponta para a "produção de uma consciência verdadeira" que, a seu ver, é "da maior importância política", ou seja, uma "exigência política" (p. 141) no âmbito da democracia. Para ele, "uma democracia com o dever de não apenas funcionar, mas operar conforme seu conceito, demanda pessoas emancipadas" (p. 141-142). Aqui importa uma educação para a consciência e para a racionalidade. Através da conscientização, busca-se "a dissolução dos mecanismos de repressão e de formações reativas que deformam nas próprias pessoas sua aptidão para a experiência", numa "exigência de esclarecimento" (p. 150). O vínculo entre racionalidade e experiência, leva-nos a entrever uma consciência que pensa a vida conectada à realidade, não se atendo apenas ao pensamento lógico formal, mas "à capacidade de fazer experiência" (p. 151), o que faz Adorno afirmar: "A educação para a experiência é idêntica à educação para a emancipação" (p. 151).

Benjamin (2016, p. 213), em *O narrador: considerações sobre a obra de Nikolai Leskov*, sublinha uma ação que está em baixa, "a faculdade de intercambiar experiências". Reconhece ele que estamos pobres de experiência. Benjamin (1986, p. 196) admite: "Essa pobreza de experiências não é uma pobreza particular, mas uma pobreza de toda a humanidade. Trata-se de uma nova barbárie". Sem a experiência, perde-se a aura, o mistério se desfaz, apagam-se as pegadas. Sem rastros, o homem contemporâneo é um pobre nu que se contenta com o aço e o vidro, numa cultura sem prazer, devoradora do humano em meio ao vislumbre do sofisticado e reluzente mundo onde prima o artificial. A educação necessita recuperar a experiência que, segundo Benjamin (2016, p. 214-215), "passa de boca em boca", como o fizeram os "decanos na arte de narrar"; não importa se feita pelo "homem viajado" que conhece as terras distantes, ou pelo "trabalhador sedentário" que conhece o passado. A comunicabilidade das experiências percorre o caminho da sabedoria; esta não se contenta com informações apenas, mas dispõe de autoridade que lhe confere validade (p. 219). Sem imposições, traz o interlocutor a pensar, "livre para interpretar a história" (p. 219). A modo de um trabalho artesanal, a experiência faz da comunicação tanto um mergulho na vida do narrador, que deixa suas marcas na narrativa, quanto a impressão das marcas que a mão do oleiro deixa no vaso de argila. Existe aí "uma profundidade quase mística" no dizer de Valéry, citado por Benjamin (p. 239), numa "coordenação da alma, do olho e da mão" (p. 239) que faz da vida humana a matéria-prima da experiência. Narrar a vida como o sábio é recorrer à própria experiência e à experiência alheia. "Seu dom é poder contar a vida; sua dignidade é contá-la inteira" (p. 240).

> A única concretização efetiva da emancipação consiste em que aquelas poucas pessoas interessadas nesta direção orientem toda a sua energia para que a educação seja uma educação para a contradição e para a resistência [...]. Assim, tenta-se simplesmente começar despertando a consciência quanto a que os homens são enganados de modo permanente, pois hoje em dia o mecanismo da ausência de emancipação é o *mundus vult decipi* em âmbito planetário, de que o mundo quer ser enganado. A consciência de todos em relação a essas questões poderia resultar dos termos de uma crítica imanente, já que nenhuma democracia normal poderia se dar ao luxo de se opor de maneira explícita a um tal esclarecimento (ADORNO, 2012, p. 183).

3
O materialismo histórico: considerações de Benjamin e Freire

Walter Benjamin e Paulo Freire, cada um à sua maneira, marcados por contextos e desafios próprios, são capazes de pensar e agir a partir das condições e/ou necessidades concretas da existência. Não fogem deste desafio. Ao mesmo tempo, reservam-se algumas ressalvas críticas, como é o caso da reflexão sobre a sedução do autômato em Benjamin e sobre os resvalos da visão determinista criticada por Freire.

3.1 As condições e/ou necessidades concretas da existência

Na epígrafe da tese 4, Benjamin (2016, p. 242) cita Hegel: "Lutai primeiro pela alimentação e pelo vestuário, e em seguida o Reino de Deus virá por si mesmo". Como vemos, houve aqui a inversão da citação do Evangelho de São Mateus (6,33): "Buscai em primeiro lugar o Reino de Deus e a sua justiça, e todas estas coisas vos serão dadas em acréscimo". Na compreensão benjaminiana, esta inversão tem por objetivo chamar a atenção para a relação entre o material e o espiritual, indicando que um não existe sem o outro. A frase de

Hegel que, no seu idealismo, revela o materialismo mais elementar, é aqui deslocada de seu contexto para indicar, segundo Mate (2011, p. 125), que "só buscando algo tão ordinário, como a comida e a vestimenta, é possível alcançar o espiritual mais refinado" ou, segundo Löwy (2005, p. 58), "nada de salvação sem transformações revolucionárias da vida material".

Benjamin integra o que há de básico no marxismo, como a afirmação de que a estrutura material condiciona a infraestrutura do espírito. Porém, ele vai além desta afirmação convencional e admite que os produtos do espírito podem ter vida própria, sendo que na luta de classes não conseguem ser subtraídos como despojos, tais como a confiança, a coragem, o humor, a astúcia e a firmeza. Estão aí como portadores da capacidade de "questionar sempre cada vitória dos dominadores" (BENJAMIN, 2016, p. 243). Trata-se de uma resistência do espírito, capaz de pôr em questão os vencedores do presente e do passado. De maneira discreta, "como flores dirigem sua corola para o sol, o passado" (p. 243) constitui-se neste sol orientador, qual espírito crítico capaz de detectar os sinais, as mudanças quase imperceptíveis, discretas "no céu da história".

Há um destaque, em Benjamin, para as forças espirituais e morais na luta de classes. Influenciado por Brecht (2004) ou ao menos próximo dele, Benjamin confere a primazia, por um lado, às coisas "brutas e materiais" (tese 4), por outro lado, aponta para as qualidades espirituais, como vimos. Löwy (2005, p. 59) observa com muita clareza:

> Existe, então, em Benjamin, uma dialética do material e do espiritual na luta de classes que vai além do modelo bem mecanicista da infraestrutura e da superestrutura: o que está em jogo na luta é material, mas a motivação dos atores sociais é espiritual. Se não fosse estimulada por algumas qualidades morais, a classe dominada não conseguiria lutar por sua libertação.

A perspectiva marxista, assentada na vida material, encontra em Benjamin a afirmação do "fino e espiritual" (tese 4), indicando que nem tudo é comida e vestimenta, o que faz ressoar a própria mensagem do Evangelho de Mateus (4,10): "Não só de pão vive o homem". Frei Betto, no prefácio à sexta edição da obra *Mística e espiritualidade*, parte de um dos contos do escritor cubano Onelio Cardozo para afirmar que "a fome de pão é insaciável, mas a de beleza, infindável" (BETTO; BOFF, 2005, p. 12). Pergunta-se, então, Frei Betto: "Afinal, que deseja o ser humano em última instância: saciar a fome de pão ou de beleza?" (p. 13-14). Ele mesmo responde: "As duas, diriam todos" (p. 14). Mas reconhece que "a resposta à questão acima não é fácil" (p. 14), para indicar, por um lado, que "um homem privado de bens essenciais à vida pode não ter condições de perseguir suas utopias", afirmando, por outro lado, que "isso não significa que ele não queira transgredir os limites que o asfixiam" (p. 14).

Para Frei Betto (BETTO; BOFF, 2005), "não podemos privar a consciência dos sonhos" (p. 13), não podemos simplesmente "reduzir as relações sociais à esfera econômica" (p. 12), reconhecendo que há no ser humano uma "inata vontade de transcender-se" (p. 13). No entanto, o capitalismo aproveita e instrumentaliza este elã ou esta busca pela beleza para alimentar a fantasia como válvula de escape para que "as relações objetivas não sofram nenhuma modificação", sendo que "o favelado continua marginalizado do acesso aos bens imprescindíveis à existência, mas seu imaginário é permanentemente realimentado, aumentando o fosso entre a sua consciência (alienada) e a sua existência (oprimida)" (p. 13). O capitalismo chega a usurpar o religioso e assumi-lo como característica sua para submeter e manipular os débeis. Com uma crítica "fina e espiritual", cabe desmascarar o caráter religioso do capitalismo que usa desta artimanha para conformar as mentes e submeter ainda mais os oprimidos. Para Freire (2014b, p. 58), "não haveria oprimidos se não houvesse uma relação de violência que os conforma como violentados, numa situação objetiva de opressão", para enfatizar o seguinte: "Os que inauguram o terror não são os débeis, que a ela são submetidos, mas os violentos que, em seu poder, criam a situação concreta em que se geram os 'demitidos da vida', os esfarrapados do mundo" (p. 58).

Benjamin está muito próximo de Bloch (1968, p. 350), para quem "é mais difícil salvar do que alimentar o homem". Benjamin parece perceber, para além do idealismo de Bloch, porém próximo a ele, de que a salvação engloba certamente o comer e o vestir, mas vai além; garantir as necessidades básicas e salvar, sem reduzir o espiritual ao material, é a síntese e o desafio que aqui se apresentam. Benjamin não se situa na linha dos que separam os valores espirituais e o material, nem dos que colocam a religião como uma etapa infantil para galgar uma dita maturidade materialista. O "fino e espiritual" da tese 4 é inseparável do "rude e material", situados, segundo Mate (2011, p. 129), da seguinte forma: "O espiritual se revela em seu significado autêntico no seio da luta de classes". Segundo a tese 4, luta de classes é o conceito mais importante para qualquer "historiador educado em Marx". Löwy (2005, p. 59) destaca: "É ela que permite compreender o presente, o passado e o futuro, assim como sua ligação secreta. Ela é o lugar em que teoria e práxis coincidem – e sabe-se que foi essa coincidência que atraiu Benjamin, pela primeira vez, para o marxismo, quando leu *História e consciência de classe* de Lukács em 1924".

As condições e/ou as necessidades concretas da existência na mundanidade não podem ser separadas da transcendentalidade, segundo o pensamento freireano. A separação, lembra Freire (2014d, p. 130-131), "terminaria por quase 'desencarnar' mulheres e homens reduzidos então a puras abstrações"; se assim fosse, "a história, as condições concretas de vida, as tradições culturais em pouco ou em quase nada contariam". Freire (2014d, p. 132), partindo do fato da "encarnação do Verbo" [Jesus Cristo] constata a "impossibilidade de dicotomia entre transcendentalidade e mundanidade, história e meta-história". O "fino e espiritual", inseparável do "rude e material", da tese 4 *sobre o conceito da história* de Benjamin, encontra no pensamento freireano o enlace entre as condições concretas da existência com as questões éticas, estéticas, aliadas à sua formação cristã. Freire (2014d) deixa claro que esta base de compreensão e vivência, sem dicotomias, permitiu que ele se lançasse a "entender e viver a história como tempo de possibilidade" (p. 131), o que se traduziu pelo seguinte compromisso e respectivos engajamentos:

> Desde muito jovem, venho reagindo quase instintivamente contra as injustiças, contra os preconceitos de toda espécie, contra as ofensas, a dominação, o arbítrio, a arrogância, a imposição de ideias e crenças, contra o desrespeito e contra o desprezo aos fracos, e me venho firmando, ao mesmo tempo, em opções progressistas, democráticas, abertas, radicais, jamais sectárias (FREIRE, 2014d, p. 133).

3.2 A sedução do autômato

Uma inteligência humana oculta manipula uma máquina que, em seu aparente e sofisticado recurso tecnológico, porém enigmático, nada conseguiria se não fosse a intervenção humana, capaz de torná-la realmente eficaz. Assim é o autômato, citado na tese 1 de Benjamin (2016, p. 241), "construído de tal modo que podia responder a cada lance de um jogador de xadrez com um contralance que lhe assegurava a vitória na partida". Para Benjamin, trata-se da aliança entre a máquina e o *esprit*, como explicara Edgar Allan Poe, em *Joueur d'échecs de Maelzel*, numa tradução de Charles Baudelaire que ficou famosa, em 1936, para quem "os movimentos do autômato são regulados pelo espírito" ou "por alguém que pode ver o tabuleiro de xadrez do adversário" (POE, 2016, p. 17). Benjamin assume este conto, focando a aliança entre a mecânica e o *esprit* que detém sempre a vitória, porém conferindo ao *esprit* um conteúdo inesperado; este é, na verdade, um anão chamado teologia, pequena e feia, segundo a tese 1 *sobre o conceito de história*. O autômato, no caso um fantoche vestido à turca, é o materialismo histórico. Benjamin mostra-se capaz de aliar duas formas de conhecimento. Historicamente separados, o materialismo histórico e a teologia formam aqui uma aliança. Este autômato não obterá a vitória só contando com suas propriedades, pois sem a teologia é nada mais do que um boneco sem alma, vazio de sentido, que terá derrotas à sua frente, como demonstra Löwy (2005, p. 42) ao afirmar:

> Sem uma interpretação correta da história, é difícil, senão impossível, lutar de maneira eficaz contra o fascismo. A derrota do movimento operário marxista diante do fascismo – na Alemanha, na Áustria, na Espanha, na França – demonstra a incapacidade desse boneco sem alma, desse autômato vazio de sentido, de "ganhar a partida" – uma partida em que se decide o futuro da humanidade.

A interpretação correta da história provém da unidade entre materialismo histórico e teologia que nos levam à junção entre teoria e prática. A teologia, aqui o anão escondido na máquina, segundo a alegoria inspirada no conto de Edgar Allan Poe, como vimos, é este *esprit*, sem o qual não há como o materialismo histórico ganhar a partida, não há como a revolução triunfar, pois não interpreta corretamente a história. A teologia, mesmo agindo de forma oculta, carrega o espírito messiânico que, no cerne do pensamento profano, suscitará a rememoração e a redenção messiânica. Paradoxalmente, Benjamin, na tese 1, apresenta o anão teológico como mestre do autômato e, em seguida, como estando a serviço dele. Löwy (2005, p. 45) explica esta inversão como uma forma de Benjamin "mostrar a complementaridade dialética entre os dois", ou seja, "a teologia e o materialismo histórico são ora o mestre, ora o servo; são, ao mesmo tempo, mestre e servo um do outro, precisam um do outro", deixando claro que "a teologia [...] está a serviço da luta dos oprimidos".

O marxismo de Benjamin segue uma linha própria, distinta da versão que encontramos na social-democracia e no próprio comunismo. Mate (2011, p. 64), por outro lado, é claro ao apontar que a perspectiva benjaminiana não é a de querer "salvar uma crença religiosa"; antes, ela é uma resposta à "sua estratégia encaminhada para descobrir uma nova teoria do conhecimento capaz de fazer frente às misérias de seu tempo". Ele busca na teologia um aspecto oculto, uma reserva crítica, como que um resíduo pouco chamativo, mas que pode ser eficaz, unindo-a tanto à teoria do materialismo histórico como à própria racionalidade filosófica, o que, para Mate (2011, p. 65), anuncia "uma nova compreensão da realidade que inflame a esperança de que outro mundo é possível".

Walter Benjamin é reticente e mesmo contrário diante de concepções teóricas prontas, acabadas, dogmáticas, que não admitem dúvidas, como as do partido comunista a caminho da "stalinização" ou já assim instalado. Posta-se igualmente reticente às concepções desenvolvidas pela social-democracia dada a sua incapacidade de tomar posição ou de simplesmente se deixar levar por composições compromissadas, deixando escapar o momento certo de atuar. Às versões doutrinárias e engessadas, Benjamin contrapõe uma visão constelar ou uma constelação de conceitos, unindo teoria e prática, desnudando a realidade a ser transformada, assumindo e radicalizando a luta de classes, bem como a crítica à classe burguesa. Com isso, ele reunia os elementos para contrapor-se ao capitalismo e à própria Modernidade. Ambos são responsáveis pela degradação ou mesmo pela perda da experiência. Benjamin (2016) detecta que "as experiências estão perdendo a sua comunicabilidade" (p. 216), perdendo a sua substância viva, ou seja, a sabedoria; verifica isso na "arte de narrar que se aproxima do seu fim" ou mesmo "está em extinção", "num processo que vem de longe", enquanto "sintoma das forças produtivas seculares, históricas" que atravessa a Modernidade.

A indústria moderna, na automatização dos trabalhadores, acentua de forma drástica a perda de experiência, ajustando-os às novas engrenagens como verdadeiros autômatos, independente de sua vontade. Löwy (2008, p. 193) nos explica com clareza:

> Devido ao adestramento operado pela máquina, os trabalhadores são obrigados a adaptar seu movimento ao movimento contínuo e uniforme do autômato. O operário sofre uma profunda perda de dignidade, e "seu trabalho torna-se impermeável à experiência". A perda da experiência está, assim, estreitamente ligada em Benjamin à transformação em autômato: os gestos repetitivos, mecânicos e carentes de sentido dos trabalhadores às voltas com a máquina reaparecem nos gestos de autômatos dos transeuntes na multidão descritos por Poe e E.T.A. Hoffmann.

A máquina comanda o trabalhador que, repetindo os gestos de forma automatizada, é transformado num autômato, perdendo a capacidade de controle, bem como a noção mesma do processo. O trabalhador é conduzido, levado, comandado, adestrado, coisificado, conformado; torna-se peça e fragmento da máquina que o comanda; já não tem memória. Vale (2015, p. 90) afirma:

> Dessa forma, repetindo os mesmos gestos sob o comando da máquina, o humano é rebaixado à condição de um boneco ou de um robô, despojado de toda experiência e memória. Transmutação que foi uma das consequências do progresso e da industrialização em relação à experiência humana. Resultado do acelerado processo de mecanização iniciado com a Revolução Industrial, a troca de experiências estaria entrando igualmente em acelerado declínio. Dessa forma, os traços culturais presentes na experiência (*Erfahrung*) vão sendo sobrepujados pelo nível psicológico imediato da vivência pragmática (*Erlebnis*), desfazendo-se, assim, o ideal de harmonia entre natureza e comunidade que marcava as sociedades pré-capitalistas.

Compreendemos que Benjamin (2016) fale deste ser humano como destituído de "sabedoria", incapaz de "contar histórias", de "ouvir" e de "dar conselhos" (p. 216-217, 221), perdendo "a faculdade de intercambiar experiências" (p. 213), apagando a rememoração encarnada pelo narrador (p. 228). Separam-se "o sentido e a vida e, com isso, o essencial e o temporal" (p. 229); vive-se na perplexidade, na solidão, apátridas, empurrados pela *Erlebnis*, como vimos na citação acima, especialmente pela vivência do choque (*Chockerlebnis*), cujo resultado, segundo Löwy (2008, p. 194), é um "comportamento reativo" de autômatos que "têm suas memórias completamente liquidadas", o que atinge tanto os trabalhadores quanto as multidões das metrópoles.

Na compreensão benjaminiana, a alegoria do autômato permite uma multiplicidade de significações, assim expressas por Vale (2015, p. 91):

> Ora para configurar a máquina e seu domínio sobre o homem; ora para configurar o homem automatizado pela máquina e alijado de sua humanidade pelo progresso técnico; ora para configurar a história, marcada pelo oficialismo da versão dos "vencedores" ou pelo automatismo da ideologia do progresso que impregnava a social-democracia e o comunismo stalinista; e, por último e em um sentido mais amplo, configurando o homem que perdeu sua experiência com a Modernidade.

Walter Benjamin utiliza a figura do autômato, mais de uma vez, na *Obra de arte na era de sua reprodutibilidade técnica* (1980) para descrever a passagem do teatro para o cinema, em que a relação com o público passa a ter uma mediação mecânica e não mais vivida no aqui e agora do teatro. Trata-se de um produto fabricado, dependente do mercado que tudo negocia e tudo compra e vende. Afirma Benjamin (1980, p. 24): "Na medida em que restringe o papel da aura, o cinema constrói artificialmente, fora do estúdio, a 'personalidade do ator'; o culto do astro, que favorece ao capitalismo dos produtores e cuja magia é garantida pela personalidade que, já de há muito, reduziu-se ao encanto corrompido de seu valor de mercadoria". Estamos diante de um processo de automação do ser humano, que acompanha este e outros avanços tecnológicos. Criam-se verdadeiros homens/mulheres autômatos tanto na interpretação dos atores como em inúmeros papéis exercidos na sociedade. No autômato, interligam-se submissão e obediência, revelando seres que perderam a capacidade de vivenciar a experiência e, por isso, se encontram vagando pela sociedade industrial de forma mecânica, sem sentido na vida, alienados, miméticos, impossibilitados de usar a razão, agindo sem vontade própria, à mercê de tiranos ou da irracionalidade da própria mente.

3.3 Do determinismo ao ser humano que transcende e supera pela práxis

Para Freire (2014b), a opressão busca o controle do pensar e do agir, inibindo "o poder de criar, de atuar", pois "se funda num conceito mecânico e estático", fazendo da própria educação um ato de depositar conteúdos prontos, transformando "os educandos em recipientes" (p. 91). Trata as pessoas como se fossem coisas e, segundo Fromm (1967, p. 28-29), "olha a vida mecanicamente", pois "ama o controle e, no ato de controlar, mata a vida". Estes são os necrófilos que, para Freire (2014b, p. 90), "nutrem-se do amor à morte". Inclui a própria "educação como prática da dominação [...], mantendo a ingenuidade dos educandos", com o objetivo de "indoutriná-los no sentido de sua acomodação ao mundo da opressão" (p. 92).

É recorrente no pensamento freireano o reconhecimento de que pode haver até condicionamentos que afetem as pessoas, como o genético e outros, porém, estas não nascem feitas ou não são determinadas. Ao afirmar que "somos condicionados mas não determinados", Freire enfatiza que "a história é tempo de possibilidade e não de determinismo, que o futuro é problemático e não inexorável" (2014c, p. 131), que o ser humano, homem e mulher, é um ser inacabado, inconcluso e, portanto, encontra-se num "movimento permanente de busca" (2014b, p. 40). A história não lhe é "destino dado" (p. 41), enquanto "acomodados e adaptados, 'imersos' na própria engrenagem da estrutura dominadora", mas é a busca e mesmo a luta de "ser mais" (p. 47). Fica clara, então, a afirmação de Freire (2014d, p. 93) de que "ninguém nasce feito", de que "vamos nos fazendo aos poucos, na prática social de que tomamos parte" ou "é experimentando-nos no mundo que nós nos fazemos". Isto faz de Freire (2014c, p. 63) um crítico do fatalismo e de toda a passividade, enfatizando sempre que "mudar é difícil, mas é possível", afirmação que explica com as seguintes palavras:

> É o que nos faz recusar qualquer posição fatalista que empresta a ele ou àquele fator *condicionante* um poder *determinante*, diante do qual nada se pode fazer. Por grande que seja a força condicionante da economia sobre o nosso comportamento individual e social, não posso aceitar a minha total passividade perante ela. Na medida em que aceitamos que a economia ou a tecnologia ou a ciência, pouco importa, exerce sobre nós um poder irrecorrível não temos outro caminho senão renunciar à nossa capacidade de pensar, de conjecturar, de comparar, de escolher, de decidir, de projetar, de sonhar. Reduzida à ação de viabilizar o já determinado, a política perde o sentido da luta pela concretização de sonhos diferentes. Esgota-se a eticidade de nossa presença no mundo (FREIRE, 2014c, p. 63-64).

Na leitura freireana, toda visão mecanicista ou determinista da história rouba a esperança, desproblematiza o futuro e fragiliza ainda mais os já frágeis da sociedade. Por isso, contrapõe a esta visão a consciência de que, enquanto ser inacabado, o humano é um ser apto a "ir além da determinação" podendo "arriscar-se como sujeito, porque não determinado", sendo a história construída "como possibilidade e não determinação" (FREIRE, 2014c, p. 66). Compreendemos, então, que Freire (2014b) observe que nem sequer cabe aqui o "convencimento dos oprimidos de que devem lutar por sua libertação", como se fosse uma "doação que lhes faça a liderança revolucionária" (p. 74); na verdade, esta luta deve ser "o resultado de sua conscientização" (p. 74); por isso, Freire (2014b) afirma que "a presença dos oprimidos na busca de sua libertação, mais que pseudoparticipação, é o que deve ser: engajamento", fruto da "reflexão e ação em comum", nas quais os oprimidos "se descobrem refazedores permanentes" do mundo (p. 78), na "luta por sua emancipação" (p. 105).

Quando Freire (2014b, p. 54) lê a advertência de Lukács (1965, p. 62) ao partido revolucionário, como já vimos, de que "ele deve, para empregar as palavras de Marx, explicar às massas sua própria ação não somente para assegurar a continuidade das experiências revolucionárias do proletariado, mas também para ativar conscientemente o desenvolvimento ulterior destas experiências", ele destaca aí a indicação, feita por Lukács, de uma "inserção crítica" indispensável, fazendo, porém, a seguinte ressalva:

> Para nós, contudo, a questão não está propriamente em explicar às massas, mas em dialogar com elas sobre a sua ação. De qualquer forma, o dever que Lukács reconhece ao partido revolucionário de "explicar às massas a sua ação" coincide com a exigência que fazemos da inserção crítica das massas na sua realidade através da práxis, pelo fato de nenhuma realidade se transformar a si mesma.

Ao fazer esta ponderação, Freire (2014b, p. 55, nota 15) remete ao comentário de Marx em sua "terceira tese sobre Feuerbach" que nos parece elucidador sobre as diversas interpretações da teoria materialista. Vejamos o texto[18]:

---

18 Paulo Freire utiliza a citação em espanhol, que preservamos aqui.

> La teoría materialista de que los hombres son producto de las circunstancias y de la educación, y de que, por tanto, los hombres modificados son producto de circunstancias distintas y de una educación distinta, olvida que las circunstancias se hacen cambiar precisamente por los hombres y que el propio educador necesita ser educado (MARX; ENGELS, 1966, p. 404).

A ressalva de Marx é oportuna para Freire que faz questão de citá-la, pois, "como nenhuma realidade transforma a si mesma", faz-se necessário "uma inserção crítica das massas na sua realidade através da práxis", base de uma "pedagogia dos homens empenhando-se na luta por sua libertação" (FREIRE, 2014b, p. 55); sendo "práxis autêntica" (p. 52), "luta pela modificação das estruturas", busca "a transformação objetiva da situação opressora" (p. 50), realizando-se através da práxis que "é reflexão e ação dos homens sobre o mundo para transformá-lo" (p. 52).

Paulo Freire faz preciosos comentários sobre o tema que estamos tratando numa entrevista concedida em 1993, originalmente publicada na Argentina[19], e incluída na obra *Pedagogia dos sonhos possíveis* (FREIRE, 2014e, p. 259-268), organizada por Ana Maria Araújo Freire, após a morte do pedagogo brasileiro. Inicialmente, destaco desta obra a observação de que "é preciso aprender a superar um pragmatismo muito ligado ao autoritarismo com o qual as esquerdas concebiam a história; ou seja, concebia-se a história não como possibilidade, mas como determinismo" (p. 262-263). Ao afirmar que "o futuro não é inexorável, que o futuro é problemático e deve ser construído porque não está pré-datado", Freire (2014e, p. 263) destaca:

> Na medida em que se entende a história como possibilidade, como futuro que se problematiza, necessa-

---

[19] O texto desta entrevista foi publicado originalmente pela revista *Propuesta Educativa*, Flacso – Argentina, n. 9, out./1993. No ano seguinte, foi publicada no Brasil nos *Cadernos de Pesquisa*, São Paulo, n. 88, fev./1994, p. 78-80.

riamente superamos o dogmatismo mecanicista – de origem marxista, mas não de responsabilidade apenas de Marx – e passamos a compreender o importantíssimo papel histórico da consciência, o papel da subjetividade na feitura da história.

Por ter buscado sempre esta clareza, Freire (2014e, p. 263) revela que isto lhe valeu muitas críticas por parte dos mecanicistas, marxistas ou não. Observa que aceitar "o puro determinismo [...] a inexorabilidade do futuro é a negação da história" (FREIRE, 2014f, p. 71), deixando nos levar pela "desesperança que nos imobiliza" (p. 71), pelo "domínio em que dificilmente se poderia falar de opções, de decisão, de liberdade, de ética" (p. 73). Isto seria negar "o direito de 'ser mais' inscrito na natureza dos seres humanos", sublinha Freire (2014f, p. 73-74). Diante de tal fato, temos uma reponsabilidade, assim explicitada pelo pedagogo brasileiro:

> Não posso, por isso, cruzar os braços fatalistamente diante da miséria, esvaziando, desta maneira, minha responsabilidade no discurso cínico e "morno", que fala da impossibilidade de mudar porque a realidade é mesmo assim. O discurso da acomodação ou de sua defesa, o discurso da exaltação do silêncio imposto de que resulta a imobilidade dos silenciados, o discurso negador da humanização de cuja responsabilidade não podemos nos eximir (FREIRE, 2014f, p. 74).

Parte IV

A educação em Walter Benjamin e Paulo Freire

Nesta quarta parte de nossa pesquisa, mergulhamos na vida feita experiência de Walter Benjamin (Berlim, 1892-Port Bou, 1940) e de Paulo Freire (Recife, 1921-São Paulo, 1997), buscando decifrar a contribuição de ambos para a educação. Detemo-nos inicialmente na experiência que ambos tiveram na escola e, em seguida, identificamos o aporte para ação e a reflexão no campo da educação. Ambos provocam a nossa reflexão, apontam para a práxis, numa perspectiva dialético-crítica. Evidencia-se a conexão profunda entre suas biografias e respectivas bibliografias.

1
Experiência, memória e educação em Walter Benjamin

Este filósofo e sua maneira de pensar traz-nos contribuições circunscritas num tempo e num espaço precisos. Interessa-nos aqui seus aportes pedagógicos. Porém, nosso percurso leva-nos inicialmente ao contexto de Benjamin, sua vida, suas experiências na escola e, pouco a pouco, identificaremos o gestar de um pensamento nos entrechoques de sua existência.

1.1 Walter Benjamin na escola

Da infância de Walter Benjamin na escola, interessa-nos suas experiências. Sua obra responde justamente a essas experiências densamente vividas, que deixam marcas profundas em sua existência e formam uma base de referências para toda a sua vida, o que repercute em suas práticas e reflexões.

O pequeno Walter viveu num ambiente próprio das elites de Berlim, pertencente a uma família abastada, cujo pai fora banqueiro oriundo da Renânia, corretor de arte, sócio de empresas e investidor financeiro. Sua mãe pertencia a uma família de notáveis dedicada ao comércio agrícola. Walter foi uma criança que frequentou o jardim de infância; realizou o ensino primário em sua casa com um professor particular que se destacou por ensinar-lhe a estudar (propedêutica); estudou francês aos 9 anos com uma professora também particular. Revelou-se disléxico, o que lhe trouxe algumas dificuldades tão básicas como distinguir a direita da esquerda. Aos 10 anos, ingressa no *Gymnasium* para prosseguir o ensino, iniciando os estudos secundários; foi, então, que viveu um período cheio de dificuldades, assim descrito por Colom e Ballester (2016, p. 18):

> Com os antecedentes mencionados, não deve surpreender que o jovem Walter não se adaptasse à educação pública; começará sua angústia, medo e desconforto, o que o levará a um desempenho acadêmico insatisfatório e quadros clínicos de natureza psicossomática, especialmente devido ao clima disciplinar do Centro, onde as humilhações e até mesmo as punições físicas eram frequentes. Sua fobia o fará, como mecanismo de defesa e como desculpa, chegar atrasado às aulas, devido a desejos irreprimíveis de dormir que não o deixavam acordar; por essa razão, ele era repreendido por seus professores; iniciando assim uma escalada de problemas escolares, o que geralmente terminava com mais ausências da frequência às aulas.

Esta situação levou seus pais a buscar uma solução que foi internar o menino Walter numa escola particular localizada em Haubinda, a meio-caminho entre Berlim e Stuttgart, já próximo de Frankfurt. Era uma escola diferenciada, pois tratava-se de um *Landerziehungsheim*, ou "lar de educação no campo", que seguia a pedagogia da "escola nova" ou "reformista alemã"; era tida como uma escola diferente e gozava de prestígio. Sua pedagogia diferenciava-se ou até contrariava o espírito das escolas tradicionais. Chamada de *Schuigemeinde* ou "comunidade escolar", a escola que Walter frequentou era uma verdadeira comunidade, baseada num ambiente familiar. Entre os educadores, destacava-se Gustav Wyneken, que desempenhava a função de diretor. Ele distinguia-se por imprimir esta característica familiar e próxima junto aos alunos; gostava de imitar a vida simples das fazendas da região.

> O espírito era comunitário, grupal, com certos níveis de autogestão; consequentemente, criou-se um clima de liberdade e camaradagem, que se estendeu também às relações entre professores e alunos, em que ambos tinham os mesmos direitos ao estar unidos pelos mesmos objetivos. Sem dúvida, tudo isso teve um impacto no jovem Benjamin, especialmente depois da experiência que ele teve no Ginásio de Berlim (COLOM; BALLESTER, 2016, p. 20).

Gustav Wyneken desempenhou um papel destacado na vida do adolescente Walter, sendo seu mentor e orientador intelectual, com uma forte influência idealista e pedagógica. A convivência na escola e a presença marcante de Wyneken propiciaram uma experiência tanto teórica como prática que se refletiu em seus primeiros escritos. No entanto, sem que se saiba os motivos, em meio a esta experiência, os pais o transferiram para o *Gymnasium*, onde já estivera; lá concluiu o *abitur* (bacharelado), que lhe deu o direito de ingressar numa universidade. Neste retorno, o jovem Walter toma consciência, pela primeira vez, que é discriminado por sua origem judia. Além disso, sofreu novamente os maus-tratos habituais dessa instituição de ensino, com as reincidências psicossomáticas que havia padecido anteriormente, tendo como consequência a diminuição da atenção e o baixo rendimento nos estudos.

Findo este tempo que Benjamin (1987, p. 179-232) denomina de "inferno", iniciou os estudos superiores em 1912, ingressando na Universidade de Friburgo para estudar Filosofia, onde destacou-se a presença do professor neokantiano Heinrich Rickert. O jovem Walter logo tratou de afiliar-se à "secção para a reforma escolar" que integrava a Associação de Estudantes Livres, não afiliada a partidos políticos; nesta, buscou contribuir com os postulados de Gustav Wyneken na linha de uma "cultura juvenil independente". Chegou quase a abandonar os estudos para dedicar-se à causa da reforma escolar, alternando sua presença em Berlim, onde permanecia um semestre para os estudos, com o seu ativismo pela causa que assumira. Promotor de debates, ele se propunha, segundo atestam Colom e Bellester (2016, p. 22), "formar uma sociedade livre com formas de vida livre, longe da vigilância dos pais", com críticas à burguesia e sua moral. Chegou até a presidir a Associação de Estudantes Livres da Universidade de Berlim, tornando-se, no entanto, impopular por causa de sua linha de reflexão; em resposta, Benjamin radicaliza suas posições, chegando até a negar a influência de Wyneken, sendo rejeitado na Associação e demitido de seu cargo de presidente.

Diante de tal rejeição em Berlim, foi matricular-se na Universidade de Munique, onde não lhe faltaram duras críticas por parte do professorado; lá conheceu Gershom Sholem, cuja influência fora determinante, servindo-lhe de orientador e tutor intelectual em várias ocasiões. Em 1919, apresentou sua tese doutoral "O conceito de crítica de arte no Romantismo alemão", aceita e qualificada *cum laude*. Tentou, em 1925, apresentar seu trabalho de habilitação em história da literatura moderna alemã, intitulado "A origem do drama barroco alemão"; porém, não foi aceito pela comissão julgadora.

O périplo de Walter Benjamin, nessa primeira fase de sua vida, enquanto aluno e/ou estudante, esteve recheado de vivências intensas que lhe deixaram marcas profundas. Este contexto repercutiu fortemente em seus escritos; "o marcaram de forma muito significativa em seu desenvolvimento vital, de tal maneira que pedagogia e vida se evidenciaram para ele como inevitáveis", criando um "substrato pedagógico" presente, por exemplo, no "seu interesse pela infância, pela recreação da qual se ocupa em algumas de suas obras, pela sua coleção de jogos e livros infantis, pelas suas emissões radiofônicas dedicadas aos meninos, entre outras atividades e escritos" (BELLESTER; COLOM, 2011, p. 74). Sua biografia e sua bibliografia estão marcadas por uma conexão profunda. Inicia suas publicações com temas pedagógicos, divulgadas entre 1911 e 1915 em diversas revistas e publicações, tendo sido escritas entre seus 19 e 23 anos. Estes escritos não têm a configuração de um diário ou anotações fiéis do que viveu na sua infância ou juventude; antes, "trata-se de trabalhos de alto conteúdo cultural e ideológico, nos quais o jovem W. Benjamin evidencia uma grande bagagem intelectual, mas isso vem incisivamente marcado por sua experiência como aluno em dois cursos – entre 1905 e 1907 – num colégio de Haubinda, na Turíngia" (BELLESTER; COLOM, 2011, p. 75).

1.2 A educação infantil segundo Benjamin

Os textos iniciais da obra benjaminiana, os da sua juventude, são os que mais nos brindam com conteúdo relativo à educação infantil, mesmo que toda a sua obra guarde pistas metodológicas, conteúdo crítico, marcada por uma diversidade de formas e estilos, uma densidade teórica e epistemológica, o que, segundo Löwy (2002, p. 199), torna "problemáticas e incertas" as "tentativas de sistematização" de seu pensamento, pois não estamos diante de um "sistema filosófico". Para Pereira (2012, p. 28), o segredo é descobrir "pistas metodológicas" nos escritos benjaminianos que "aguçam a percepção humana e demandam a esta, intermitentes questões", constituindo-se numa "referência fundamental", mesmo que não possamos exigir que "responda àquilo que somente se apresenta como questão aos contemporâneos do século XXI".

As considerações de Benjamin sobre a infância nos oferecem um olhar diferenciado, capaz de mergulhar "em memórias da própria infância" e "recuperar o mundo cultural da época", evocando igualmente "o modo de ver das crianças, suas sensibilidades e seus valores, numa espécie de relato de criança que assiste à cultura e à história de seu tempo à margem do mundo social adulto" (SANTOS, 2015, p. 231). Em seu livro *Infância em Berlim por volta de 1900*, dedicado ao filho Stefan e escrito quando tinha 40 anos, Benjamin (2014) oferece, segundo Galzerani (2002, p. 59), "a vibração de uma memória pessoal e coletiva", trazendo à tona "o perfil cultural de uma classe burguesa em relação com outras personagens de outras classes sociais", atento à "criança na relação com crianças, com adultos, situados em diferentes categorias sociais". A partir daí, as crianças vão criando um pequeno mundo cultural próprio, dentro do mundo sociocultural dos adultos; criam, segundo Santos (2015, p. 233), "inovadoras formas ativas, genuínas e interpretativas com as quais percebem e recriam as relações sociais e a cultura", sendo que "aquilo que os adultos preparam – julgando ser mais adequados a elas – é o que menos lhes desperta interesse".

Benjamin (1984) remete para uma distinção entre a experiência feita pelas crianças e aquela feita pelos adultos. Aponta para "a máscara do adulto" que "sorri com ares de superioridade", desvalorizando a experiência das crianças como "devaneios pueris" (p. 23). Há uma tendência nos adultos de desmerecerem os mais jovens, quando para Benjamin trata-se de anseios e desejos distintos face aos adultos, "o que leva a um empobrecimento do diálogo entre gerações uma vez que, se o adulto esquece a criança que foi, a relação que estabelece com as crianças com as quais convive tende a se pautar na premissa da exterioridade" (PEREIRA, 2012, p. 44).

Aqui, nos defrontamos com uma questão epistemológica que concerne a experiência, da qual Benjamin (2016) se ocupa várias vezes, denunciando o seu empobrecimento com o advento da Modernidade, sendo por esta substituída pela vivência. Enquanto a experiência guarda seu caráter coletivo e pode ser narrada por um sujeito, a vivência expressa reações imediatas aos choques vividos por parte de um sujeito mais marcado pela solidão do que pela sua ligação à coletividade. Por isso, decai inclusive o ato de narrar por causa da pobreza da experiência de nossos dias. Kamer (2000, p. 20) diferencia com clareza as duas situações, afirmando: "na vivência, a ação se esgota no momento de sua realização (por isso é finita); na experiência, a ação é contada a um outro, compartilhada, tornando-se infinita". Enfatiza que o próprio da experiência é o "caráter histórico, de permanência, de ir além do tempo vivido, tornando-se coletiva" (p. 20).

Benjamin (1984) distingue a experiência dos mais velhos e a experiência dos mais jovens ou das crianças. Como vimos, a experiência dos mais velhos está em extinção. Ele introduz um elemento novo na experiência das crianças, ou seja a repetição, ocupando esta um lugar fundamental. Para Benjamin (1984, p. 74), "a repetição é a alma do jogo, nada a alegra mais do que o mais uma vez". E, na repetição, diz Benjamin (1984, p. 75), "a criança volta para si o fato vivido, começa mais uma vez do início". A pressuposição benjaminiana é a de que "toda e qualquer experiência mais profunda deseja insaciavelmente, até o final de todas as coisas, repetição e retorno, restabelecimento de uma situação primordial da qual nasceu o impulso primeiro" (BENJAMIN, 1984, p. 74-75). É como se a criança soubesse que "tudo ocorreria com perfeição, se se pudesse fazer duas vezes as coisas", segundo o verso de Goethe (*"Es liesse sich alles trefflich schliten könnt mann die Dinge zweimal verrichten"*), citado por Benjamin (1984, p. 75) que, no caso da criança, enfatiza:

> Para ela, porém, não basta apenas duas vezes, mas sim, sempre de novo, centenas e milhares de vezes. Não se trata apenas de um caminho para tornar-se senhor de terríveis experiências primordiais, mediante o embotamento, juramentos maliciosos ou paródias, mas também de saborear, sempre com renovada intensidade, os triunfos e vitórias (BENJAMIN, 1984, p. 75).

Existe igualmente na experiência da criança a característica da continuidade. Por um lado, a criança está imersa numa totalidade na qual estabelece e percebe suas relações, donde lhe advém uma certa complexidade; por outro lado, ela se insere de corpo inteiro, aliando sentimentos, interesses, necessidades que escapam aos adultos ou nem sempre por estes controlados. Consegue aliar a experiência atual com a passada e a futura; realiza-o por meio das brincadeiras que se transformam em lugares privilegiados e densos de experiência.

No tocante à experiência, Larrosa (2002), destaca o sujeito que, na experiência, é entendido como um corpo sensível, no sentido de um "território de passagem", ou seja, "algo como uma superfície sensível", pois "aquilo que acontece afeta de algum modo, produz alguns afetos, inscreve algumas marcas, deixa alguns vestígios, alguns efeitos" (p. 24). Sendo assim, para Santos (2015, p. 236), "ao se pensar a experiência infantil, deve-se conceber a criança como um corpo sensível, que aprende e apreende o mundo à sua volta por meio de experiências sensíveis, isto é, por intermédio de todo o corpo".

Santos (2015, p. 236) explica que "a experiência infantil envolve os sentidos pela via de um corpo sensível, em que aquilo que toca a criança, de certo modo, a modifica, produzindo certos saberes" e, com Larrosa (2002), constata que "o saber da experiência é um saber construído a partir da relação entre os sujeitos e os acontecimentos, em função das respostas dadas pelos sujeitos a esses acontecimentos" (p. 236).

1.3 Experiência, memória e educação no pensamento pedagógico de Benjamin

Influenciado inicialmente por Gustav Wyneken, o pensamento pedagógico de Benjamin se estrutura em torno de características que podem ser reunidas em quatro núcleos (BALLESTER; COLOM, 2011, p. 81-82), a saber:
> • O idealismo, próprio do pensamento alemão [...], que acompanha Benjamin em toda a sua trajetória.
> • O "eros pedagógico" ou amor-estima [...] que o professor deve ter para com seus alunos, donde extrairia dentre outras características o sentido de amizade, o

clima de confiança, a liberdade, a independência e autogestão etc.

• O conceito de *Jugendkultur*, ou cultura juvenil, com o qual Wyneken queria patrocinar uma diferenciação específica do jovem em referência ao adulto e que, como consequência, toda a sua formação devia assentar-se em propiciar este feito diferencial.

• O sentido comunitário no qual deve fazer parte todo o processo educativo e que, consequentemente, seria o fator coadjuvante para conquistar a cultura juvenil, bem como a expressão dos valores que devem orná-la. A moral, o patriotismo, o cumprimento do dever, o trabalho, tudo isso deve ter na escola um sentido comunal. Fora da comunidade não há educação possível.

Em 1917 começa uma mudança no pensamento de Benjamin, quando, recém-casado com Dora Sophie Kellner, foi morar na Suíça, como um autoexílio, como forma de protesto pelo belicismo da Alemanha. No ano seguinte, nasceu seu único filho Stefan Rafael. Foi nesse país alpino que se deu a primeira aproximação com o marxismo. Benjamin conheceu Ernest Bloch e Georg Lukács. Esses autores, junto com outros exilados naquele país, alimentavam coincidentemente, segundo Colom e Ballester (2016, p. 27), "uma crítica à burguesia e ao seu modelo de sociedade, haja vista seu grande fracasso que culminaria com a derrota militar" na Primeira Guerra Mundial. Em 1921, ao ler *A estrela da redenção* de Franz Rosenzweig, por indicação de Gershom Scholem, redescobre a riqueza da cultura judia. Não demorou que se separou de Dora (divorciando-se em 1930). Em 1924, viajou para Capri, onde conheceu Asja Lacis, comunista da Letônia, que o levou a abraçar o marxismo até o final de seus dias. Ao voltar para a Alemanha, deparou-se com a pobreza e mesmo a miséria profunda daqueles anos do pós-Primeira Guerra Mundial, vendo com os seus próprios olhos as consequências terríveis desta guerra, alimentada por uma burguesia com seu desejo desenfreado de acumular capital.

Efetivamente, a política do Estado burguês havia convertido a próspera Alemanha num país destroçado e numa sociedade deslocada, com uma diferença abismal nas formas de vida entre as diferentes classes. A convivência com Asja, comunista comprometida, fez o resto. Benjamin saiu de Capri marxista. Devemos acrescentar, além disso, que sua permanência na Itália lhe serviu para conhecer e informar-se do perigo fascista, já que Mussolini havia iniciado sua ascensão política (COLOM; BALLESTER, 2016, p. 30).

Na passagem dos anos de 1926 até inícios de 1927 (dezembro e janeiro), Benjamin foi a Moscou. Como fruto desta viagem e estadia, escreveu *Diário de Moscou*. Em 1928, ocupou-se do livro *Rua de mão única*. Começou a redigir, em 1932, *Infância berlinense: 1900*, tendo concluído este texto no ano seguinte. No final dos anos de 1920 até 1933, trabalhou na recompilação de sua obra magna *Passagens*; volta a trabalhar nela em 1935. Em 1936, concluiu o texto *A obra de arte na era de sua reprodutibilidade técnica*. Em 1939, concluiu suas teses *sobre o conceito de história*. Aqui estão algumas indicações dessa fase de Walter Benjamin, na qual destacamos a convergência entre experiência, memória e educação.

Em Benjamin, a memória e a experiência são aspectos indispensáveis na educação, construída, segundo Silva (2014, p. 128), na dialética entre "aquilo que está presente, próximo, e o que está distante, ausente", na qual "construímos uma memória individual e coletiva". A memória supõe uma experiência autêntica, pois tanto o tempo histórico como a arte de narrar necessitam desta base ou deste amparo, fazendo da reminiscência "um dos elementos que conformam o caráter de transmissibilidade da memória" (SILVA, 2014, p. 123). Para Benjamin (2016, p. 210), esta "é a mais épica de todas as faculdades", a tal ponto que chega a afirmar em seu texto *A imagem de Proust* (BENJAMIN, 2016, p. 38) que "o principal, para o autor que rememora, não é absolutamente o que ele viveu, mas o tecido de sua rememoração, o trabalho de Penélope da reminiscência".

De que memória falamos? No *Diário de Moscou* (1989) e na *Infância berlinense: 1900* (2013, p. 69-116), temos preciosas indicações de Walter Benjamin. A memória se encontra em primeiro plano e ocupa o papel de guia em toda produção, interligando a história individual e coletiva. Nas profundezas da memória se entrelaçam tanto o inconsciente da mente humana como o espaço-tempo de nossa história. São tecidas as imagens da história: corpos, coisas, mercadorias, monumentos, topografia. É na dialética corpo e essas imagens que nos é possibilitado acessar o passado tornando-o cognoscível no presente, segundo explicita Benjamin (2009) nas *Passagens*. É nesta dialética ou segundo o método dialético que a presentificação das imagens deve ser perscrutada. Benjamin (2009, p. 436-437) explica:

> Diz-se que o método dialético consiste em levar em conta, a cada momento, a respectiva situação histórica concreta de seu objeto. Mas isto não basta. Pois, para esse método, é igualmente importante levar em conta a situação concreta e histórica do *interesse* por seu objeto. Esta situação sempre se funda no fato de o próprio interesse já se encontrar pré-formado naquele objeto e, sobretudo, no fato de ele concretizar o objeto em si, sentindo-o elevado de seu ser anterior para a concretude superior do ser agora (do ser desperto!). A questão de como este ser agora (que é algo diverso do ser agora do "tempo do agora", já que é um ser agora descontínuo, intermitente) já significa em si uma concretude superior, entretanto, não pode ser apreendida pelo método dialético no âmbito da ideologia do progresso, mas apenas numa visão da história que ultrapasse tal ideologia em todos os aspectos. Aí deveria se falar de uma crescente condensação (integração) da realidade, na qual tudo o que é passado (em seu tempo) pode adquirir um grau mais alto de atualidade do que no próprio momento

de sua existência. O passado adquire o caráter de uma atualidade superior graças à imagem com a qual e através da qual é compreendido. Esta perscrutação dialética e a presentificação das circunstâncias do passado são a prova da verdade da ação presente. Ou seja: ela acende o pavio do material explosivo que se situa no ocorrido (cuja figura autêntica é a moda). Abordar desta maneira o ocorrido significa estudá-lo não como se fez até agora, de maneira histórica, mas de maneira política, com categorias políticas.

Benjamin (2009, p. 447) considera útil distinguir *memória* de *recordação*. Em favor da clareza, capta até a oposição entre ambas. Para isso, busca na teoria psicanalítica da recordação o que o possa esclarecer, encontrando a resposta em Theodor Reik[20], de quem cita o seguinte texto:

> Em favor da clareza, seria útil formular de maneira intencionalmente simples a oposição entre memória e recordação; a função da memória é proteger as nossas impressões; a recordação visa a sua dissolução. A memória [*Gedächtnis*] é essencialmente conservadora, a recordação [*Erinnerung*] é destrutiva.

Na análise de Benjamin, tanto no *Diário de Moscou* como na *Infância berlinense: 1900*, encontramos uma topografia de recordações, na qual se entrevê, segundo Silva (2014, p. 128), "uma escrita de imagens, de rastros, pistas", "uma topografia dos objetos e das pessoas" [...], "uma forma de escrita que representa, de alguma maneira, uma necessidade de não deixar se perder as experiências, os fatos, os episódios da vida cotidiana, histórica, em que a memória é alargada". Por esta via, para Silva (2014, p. 128), "o leitor desvenda os mistérios, as profundezas da alma e da existência do autor". Como afirma Gomes (2015, p. 44), o "empenho memorialístico que atravessa *Infância em Berlim*", enquanto "escuta atenta dos ecos do passado", nos desvenda um processo de elaboração da memória como construção permanente dado à sua forma constelacional e fragmentada, muito atento às "forças latentes da

---

20 REIK, T. *Der überraschte Psychologe*. Leiden: Sijthoff, 1935, p. 130-132.

linguagem expressas nas práticas infantis" (p. 46) que surpreende pela "possibilidade de 'modificar o mundo'" (p. 47), reveladora da "dinâmica viva e fluida da faculdade mimética", à qual Benjamin vai contrapor "a semelhança artificial e degradante produzida pelo burguês em sua tentativa de registrar a própria vida" (p. 47).

Na sua crítica à burguesia e ao seu modelo de sociedade, Benjamin relaciona a memória com a necessidade de preservar as experiências da vida, preocupado com o refreamento da experiência autêntica. Mostra-se igualmente crítico ao socialismo real, implantado na União Soviética, sobretudo na era stalinista, por travar o acúmulo de experiências e primar pelas palavras de ordem. Um e outro, o modelo burguês capitalista e o caráter pseudoformador do comunismo, não se constituem como experiência, o que acaba por enfraquecer a memória coletiva e individual. Temos, por um lado, "a coisificação do humano e a artificialidade de sua relação com as coisas, fixadas no instantâneo [...], de forma rígida e fixa [...], conforme os valores burgueses" (GOMES, 2015, p. 48). Por outro lado, apresenta-se uma linguagem de prontidão, imperativa, num controle das mentalidades, até de manipulação da consciência de classe, o que ganhava força com a baixa instrução da população russa (SILVA, 2014, p. 130). Entendemos, então, que Benjamin (1989, p. 20) descreva, no *Diário de Moscou*, "o método para escrever na Rússia" que consistia em "expor amplamente o material e, se possível, nada mais". E na *Infância em Berlim*, por sua vez, temos uma radiografia dos espaços burgueses, que é reflexo da cultura e suas tensões, denunciando a vontade deliberada do Estado nazista de se apropriar do passado para reescrevê-lo. Entendemos, assim, "o imenso valor de *Infância em Berlim* enquanto modelo historiográfico, como desvio da história única e permanente dos vencedores, que punha em risco até mesmo a memória dos mortos (lembremos das medidas de aniquilação total que seriam utilizadas nos campos de concentração, sem rastros ou túmulos)" (GOMES, 2015, p. 55).

2
Leitura, práxis e emersão do sujeito em Paulo Freire

A vida e a obra de Paulo Freire estão interligadas. Sua trajetória de vida nos mostra a relação de suas contribuições com os lugares e os tempos vividos. Disso advém que a leitura do mundo seja crucial também no ato de ler, indispensável numa alfabetização que é, ao mesmo tempo, um processo vivido de conscientização; este caminho conduz ao despertar da mulher e do homem como sujeitos, fruto da emancipação como emersão crítica e ética, como fazedores e refazedores do mundo.

2.1 Aprendizados na infância pobre

Os dados referentes à infância de Paulo Freire não são numerosos, mas suficientes para traçarmos alguns aprendizados vividos como experiência em sua infância pobre. Ele mesmo testemunha que aprendeu com seus pais, Joaquim Temístocles Freire e Edeltrudes Neves Freire, "o diálogo que procura manter com o mundo, com os homens, com Deus, com a mulher, com os seus filhos" (FREIRE, 2008, p. 15). Experimentou o carinho e o apoio de seu pai quando ele escolheu a religião da mãe; ao mesmo tempo, destaca que "as mãos de seu pai não haviam sido feitas para machucar seus filhos, mas sim para ensinar-lhes a fazer coisas" (p. 15). Igualmente, ele nos relata como "a crise econômica de 1929 obrigou a família a mudar-se para Jaboatão, onde parecia menos difícil sobreviver" (p. 15-16). Porém, esta não foi a realidade que encontrou. Vejamos o seu próprio relato.

> Em Jaboatão, perdi meu pai. Em Jaboatão, experimentei o que é a fome e compreendi a fome dos demais. Em Jaboatão, criança ainda, converti-me em homem graças à dor e ao sofrimento que não me submergiam nas sombras da desesperação. Em Jaboatão, joguei bola com os meninos do povo. Nadei no rio e tive minha primeira iluminação: um dia contemplei uma moça despida. Ela me olhou e pôs-se a rir [...]. Em Jaboatão, quando tinha 10 anos, comecei a pensar que no mundo muitas coisas não andavam bem. Embora fosse criança, comecei a perguntar-me o que poderia fazer para ajudar aos homens (FREIRE, 2008, p. 16).

Com dificuldade, Paulo Freire fez seu exame de admissão ao ginásio. Ele tinha 15 anos e relata suas dificuldades na escrita. Descobre, no entanto, o gosto pela leitura. Aos 20 anos, já estava no curso pré-jurídico, como ele mesmo atesta, quando também começava a introduzir-se em "estudos de Filosofia e Psicologia da Linguagem", trabalhando concomitantemente como professor do curso ginasial. Aos 22 anos, ingressou na Faculdade de Direito do Recife, Pernambuco. Seu gosto pela leitura o fez dedicar-se às principais obras da literatura brasileira, bem como de algumas obras estrangeiras. Relata-nos ele: "Como professor de Português, satisfazia o gosto especial que tinha pelo estudo de minha língua, ao mesmo tempo em que ajudava meus irmãos mais velhos na sustentação da família" (FREIRE, 2008, p. 16). E acrescenta:

> Atendendo à irresistível vocação de pai de família, casei-me aos 23 anos, em 1944, com Elza Maria Costa Oliveira, hoje Elza Freire, pernambucana do Recife, católica também. Com ela prossegui o diálogo que aprendera com meus pais. De nós vieram ao mundo

cinco filhos, três moças e dois meninos, com quem ampliamos a nossa área dialogal (FREIRE, 2008, p. 17).

A dureza da vida, como na experiência da fome, atingia, no dizer de Streck, Redin e Zitkoski (2010, p. 15), o "corpo consciente" que era Paulo Freire. Em meio a um mundo que se preparava para a sangrenta Segunda Guerra Mundial, eis que um menino, depois moço, se perguntava sobre o que fazer para tornar esse mundo mais bonito, o que fazer diante da feiura da fome que ele experimentara. Dedicado aos estudos e à família, ei-lo muito cedo formado em Direito. No entanto, perdeu a primeira causa ao defender um jovem dentista que, diante de uma dívida para equipar melhor o seu consultório, solicitava apenas um pouco mais de tempo para saldá-la. Começa a entender o contexto de injustiça em que se encontrava e decide deixar a advocacia para ser educador.

> Paulo Freire, ao tomar essa decisão, corajosa e desafiadora, estava se lançando para uma luta humanista e esperançosa por um mundo mais livre e decente para todos. Enquanto educador, sua obra foi sendo gestada junto àqueles que mais necessitam da verdadeira solidariedade para desenvolverem sua própria humanidade – seu "ser mais" (STRECK; REDIN; ZITKOSKI, 2010, p. 15).

Esse "corpo consciente" faz das experiências de criança uma fonte de sabedoria que repercute ao longo de sua vida. Por exemplo, a experiência de diálogo com o pai lhe oferecera uma preciosa iniciação para centrar mais tarde sua pedagogia no diálogo, num modo de postar-se frente aos outros, preferencialmente com os outros. Temos relatos em materiais publicados pela Unesco que o menino Paulo recebera os primeiros rudimentos de alfabetização, antes que fosse para a escola. Conta-se que seu pai, com um pedaço de pau, desenhava na terra arenosa as palavras mais significativas da vida deles ou de seu universo cultural; depois as dividia em sílabas que, em seguida, eram reagrupadas para formar novas palavras

(GERHART, 1993, p. 445-465). Sua segunda esposa Ana Maria Araújo Freire lembra, por sua vez, que Paulo "começou a leitura da palavra, orientado pela mãe, escrevendo palavras com gravetos das mangueiras, à sombra delas, no chão do quintal da casa onde nasceu" (GADOTTI, 1996, p. 28). O próprio Paulo Freire escreve sobre este aprendizado antes de entrar na escola, num relato deixado por Ana Maria Araújo Freire. Vejamos:

> Eu já sabia ler e escrever quando cheguei à escolinha particular de Eunice, aos 6 anos. Era, portanto, a década de 20. Eu havia sido alfabetizado em casa, por minha mãe e meu pai, durante uma infância marcada por dificuldades financeiras, mas também por muita harmonia familiar. Minha alfabetização não me foi nada enfadonha, porque partiu de palavras e frases ligadas à minha experiência, escritas com gravetos no chão de terra do quintal (GADOTTI, 1996, p. 31).

Eunice fora a sua primeira professora (Eunice Vasconcelos, 1909-1977), a quem Paulo lembra com muito afeto, chamando-a de professorinha; ela era muito jovem. Com ela, o menino Paulo aprendeu a escrever "sentenças" e despertou para a beleza da língua portuguesa ou "de como é bonita a maneira que a gente tem de falar", como nos relata ele mesmo (GADOTTI, 1996, p. 31). Ana Maria Araújo Freire, em seu texto "A voz da esposa: A trajetória de Paulo Freire" (GADOTTI, 1996, p. 27-67) tem o cuidado de destacar a experiência do menino Paulo nesta primeira escola, assim descrita mais tarde por Freire.

> Não houve ruptura alguma entre o novo mundo que era a escolinha de Eunice e o mundo das minhas primeiras experiências – o de minha velha casa do Recife, onde nasci, com suas salas, seu terraço, seu quintal cheio de árvores frondosas. A minha alegria de viver, que me marca até hoje, se transferia de casa para a escola, ainda que cada uma tivesse suas características especiais. Isso porque a escola de Eunice não me amedrontava, não tolhia minha curiosidade (p. 31).

Paulo Freire sempre destacou a importância desta experiência na escola primária, época em que vivera muito pobre e passara fome, que ele explica como "não da fome intensa, mas de uma fome suficiente para atrapalhar o aprendizado" (GADOTTI, 1996, p. 32). Como em Jaboatão só havia escola primária, era preciso buscar um colégio particular em Recife para continuar os estudos do ginásio. Mas sua mãe não tinha como pagar o colégio. Vejam o relato de Freire[21], que aparece em destaque no material de Ana Maria Araújo Freire:

> Foi uma verdadeira maratona para conseguir um colégio que me recebesse com uma bolsa de estudos. Finalmente ela [a mãe] encontrou o Colégio Oswaldo Cruz, e o dono desse colégio, Aluízio Araújo, que fora antes seminarista, casado com uma senhora extraordinária, a quem eu quero um imenso bem, resolveu atender o pedido de minha mãe. Eu me lembro que ela chegou em casa radiante e disse: "Olha, a única exigência que o Dr. Aluízio fez é que você fosse estudioso". Eu, poxa, eu gostava muito de estudar e fui então para o Colégio Oswaldo Cruz, onde me tornei, mais adiante, professor (GADOTTI, 1996, p. 32).

2.2 O ato de ler: a leitura do mundo

Segundo a pedagogia de Paulo Freire, não é possível separar a leitura do mundo e a leitura da palavra. Todo texto encontra-se dentro de um contexto, realizando-se aí o encontro entre o leitor (sujeito), o texto (objeto) e as condições sociais de sua produção, estabelecendo-se aí as bases de uma reflexão crítica, própria de uma pedagogia conscientizadora. A partir dessa base, constroem-se as contribuições para a luta política necessária, superando os obstáculos que são impostos às classes populares, aos pobres, às vítimas das múltiplas formas da opressão e/ou exploração, continuamente

---

21 Trata-se aqui de uma entrevista concedida por Paulo Freire ao Prof. Vicente Madeira, Pró-Reitor de Pós-Graduação da Universidade Federal da Paraíba, publicada inicialmente na *Revista Ensaio*, n. 14, 1985, p. 5.

alimentada pela perpetuação da pobreza e dos excluídos, sobretudo em seus mecanismos que a geram, a reproduzem e a mantêm. Por isso, Freire enfatiza a importância de "uma compreensão crítica do ato de ler, que não se esgota na decodificação pura da escrita ou da linguagem escrita, mas que se antecipa e se alonga na inteligência do mundo", para arrematar afirmando que "a leitura do mundo precede a leitura da palavra" (FREIRE, 2013a, p. 19).

Freire chama a atenção para a importância da experiência existencial, indispensável na leitura do mundo que, seguida da leitura da palavra, se torna "palavramundo". Para isso, faz-se indispensável aguçar a atividade perceptiva, como capacidade de perceber o mundo das leituras que se encarna nas coisas, objetos, sinais, pessoas, natureza, crenças, gostos, receios, valores etc., sendo capaz outrossim de perceber o trato que conferimos e as relações que estabelecemos com cada um deles. Há uma experiência de intimidade com o mundo particular em que nos movemos. Adentrar-se na leitura dele é também deixar fluir a curiosidade e desfazer os temores. Assim, ao decifrar a palavra, ela trará a marca deste mundo, da experiência feita, da existencialidade vivida. Importa ser alfabetizado com as palavras do próprio mundo, do mundo em que se vive. Seguindo o pensamento de Freire (2013a, p. 24), podemos dizer que "a leitura da palavra, da frase, da sentença, jamais poderá significar uma ruptura com a 'leitura' do mundo".

Segue-se que o ato de ler e de escrever, igualmente, não podem ser separados. Entregues à curiosidade dos alunos, sem ser pacotes prontos, este aprendizado pode ser realizado de maneira viva e dinâmica, não importa se isto implica estudar a regência verbal, a sintaxe de concordância etc. Sem ser um mero esforço de memorização pela repetição mecânica, importa compreender e "apreender a sua significação profunda" para, então, "ser capaz de memorizá-la, de fixá-la" (FREIRE, 2013a, p. 26), dado o seu conteúdo existencial feito experiência. O pedagogo brasileiro é cuidadoso ao apontar que não basta ter bibliografias a serem "devoradas", se não houver "o devido adentramento nos textos a serem compreendidos", o que não deve nos afastar da leitura dos textos clássicos, adentrando-nos neles, com disciplina. Quando se trata da alfabetização de adultos, Freire (2013a, p. 28-29) é cioso em afirmar:

> Sempre vi a alfabetização de adultos como um ato político e um ato de conhecimento, por isso mesmo, como um ato criador. [...] Enquanto ato de conhecimento e ato criador, o processo da alfabetização tem, no alfabetizando, o seu sujeito. O fato de ele necessitar da ajuda do educador, como ocorre em qualquer relação pedagógica, não significa dever a ajuda de o educador anular a sua criatividade e a sua responsabilidade na construção de sua linguagem escrita e na leitura desta linguagem.

O alfabetizando não é uma "cabeça vazia". A ele cabe o tempo e o espaço para a sua tarefa criadora no movimento recíproco do mundo à palavra e da palavra ao mundo; isto requer, igualmente, a capacidade "de 'escrevê-lo' ou 'reescrevê-lo', quer dizer, de transformá-lo através de nossa prática consciente", sendo este "um dos aspectos centrais do processo de alfabetização", segundo Freire (2013a, p. 30), que acrescenta:

> Daí que sempre tenha insistido em que as palavras com que organizar o programa de alfabetização deveriam vir do universo vocabular dos grupos populares, expressando a sua real linguagem, os seus anseios, as suas inquietações, as suas reivindicações, os seus sonhos. Deveriam vir carregadas da significação de sua experiência existencial e não da experiência do educador. A pesquisa do que chamava de universo vocabular nos dava assim as palavras do povo, grávidas de mundo (p. 30).

Freire exemplifica que da palavra tijolo, com sua representação pictórica, enquanto processo de apreensão e decodificação, "resultava a percepção crítica do que é cultura, pela compreensão da prática ou do trabalho humano, transformador do mundo" (FREIRE, 2013a, p. 30), ao qual ele acrescenta:

> É neste sentido que a leitura crítica da realidade, dando-se num processo de alfabetização ou não e associada sobretudo a certas práticas claramente políticas de mobilização e de organização, pode constituir-se num instrumento para o que Gramsci chamaria de ação contra-hegemônica (p. 31).

Freire (2013b, p. 155) apresenta a necessidade de uma "nitidez política" na compreensão da realidade social e histórica. Esta é a tarefa do sujeito cognoscente que se defronta com obstáculos ideológicos. Entendemos que Freire lembre que "educadores sem nitidez política podem, quando muito, ajudar os alunos a ler a palavra, mas são incapazes de ajudá-los a ler o mundo" (p. 156). Além disso, cabe aos próprios educandos assumir "o papel de cognoscentes" como sujeitos (p. 159). Isso os levará a "compreender a realidade dos oprimidos, refletida nas diversas formas de produção cultural", bem como a compreender "sua rebeldia contra os dominantes", denunciando "a dominação quase sempre violenta que sofrem" (p. 164). Nessa rebeldia, inclusive presente em diversas expressões culturais, formou-se o que um estudo sobre o Brasil chamou de "pedagogia da resistência"[22]. Importa conhecer essas formas de resistência, dando-lhes uma elaboração teórica de sua natureza.

Freire (2014e) lembra que, na história da humanidade, o ser humano "muito antes de desenhar e fazer a palavra escrita, falou, disse a palavra e, muito tempo antes de escrever, 'leu' o mundo dele, 'leu' a realidade dele" (p. 169). Acrescenta, porém, uma precisão: "Muito antes de escrever a palavra, ele 'escreveu' o mundo, isto é transformou o mundo sobre o qual falou para, depois, escrever o falado" (p. 169). À medida que foi escrevendo o falado, desenvolveu

---

[22] Cf. RIBEIRO, J.C.N. *A festa do povo*: pedagogia da resistência. Petrópolis: Vozes, 1982.

amplamente a oralidade. Aqui, o pedagogo brasileiro apresenta a necessidade de "ler a leitura anterior do mundo" (p. 169), mostrando que esta pode ser feita em diferentes níveis, oscilando entre o saber ingênuo e o saber rigoroso. Propõe a "prática de pensar rigorosamente a prática" (p. 170), explicando que se trata de uma "prática teórica", com "diferentes níveis de rigor" que comporta a "releitura do que já foi lido no mundo" (p. 170-171), o que nos leva a "reler o mundo" (p. 169).

Aplicando essas ideias ao universo infantil, Freire (2014e) chama a atenção da necessidade da leitura do mundo das crianças. Isto significa que educadoras e educadores precisam "respeitar o nível de conhecimento que as crianças trazem para a escola", o seu "universo cultural", fruto de uma leitura que "a criança faz do mundo e com a qual ela chega à escola" (p. 174). A este universo, muitas vezes, se contrapõe a escola que parece assumir "a tarefa de apagar da memória e do *corpo consciente* dos meninos essa linguagem [...], essa percepção do mundo, [...] num desrespeito à bagagem de vida, à bagagem existencial com que a criança chega à escola" (p. 175, 176). Existe a necessidade de "considerar a ligação daquilo que ela está aprendendo na escola com o que ela está aprendendo no mundo" (p. 176); ou seja, "'o saber de experiência feito' com que a criança chega à escola" (p. 177).

2.3 O despertar como sujeito: emancipação como emersão crítica e ética

A pedagogia para um povo em emersão requer a inserção crítica e ética na realidade que lhe é própria, bem como esta mesma inserção nos acontecimentos políticos em vista de uma crescente participação. Supera seu alheamento pelo poder que sempre o quis mudo e quieto para que não chegue a ser sujeito de seu próprio desenvolvimento, de sua humanização, num processo de educação que

Freire (2014a, p. 113) chamou de "democratização fundamental". Enquanto crítica e critizadora, esta educação cria as condições para que o povo vá "ampliando e alargando a capacidade de captar os desafios do tempo, colocando-o em condições de resistir aos poderes da emocionalidade [...], dos irracionalismos, de que era presa fácil" (p. 113-114). É sabido que os mais pobres costumam ser afastados da participação ativa no poder e nas decisões reais sobre os destinos do país. "Na medida, porém, em que as classes populares emergem", observa Freire (2014a, p. 114-115), "estas elites, assustadas, na proporção em que se encontram na vigência de seu poder, tendem a fazer silenciar as massas populares, domesticando-as com a força ou soluções paternalistas" que "tendem a travar o processo de que decorre a emersão popular".

Freire (2014a) enfatiza a necessidade de "uma ampla ação educativa criticizadora" (p. 116), o que exige uma reforma no processo educativo para acompanhar o povo em emersão, "uma educação para a decisão, para a responsabilidade social e política" (p. 117), que "possibilite ao homem a discussão corajosa de sua problemática" (p. 118) e assim participe das mudanças na sociedade na qual está inserido. Respeitado o direito de participação, a tendência é mudar a atitude, superando a passividade e buscando a ingerência, numa inserção que é social, numa ação que é política. Freire (2014a, p. 126) lembra que, "quanto mais crítico um grupo humano, tanto mais democrático e permeável, em regra", completando que "tanto mais democrático quanto mais ligado às condições de sua circunstância". E arremata afirmando: "Se a compreensão é crítica ou preponderantemente crítica, a ação também o será" (p. 139). Essa compreensão é construída no diálogo, como o "indispensável caminho" (p. 141), enquanto pedagogia da comunicação, da intercomunicação, baseada "na relação de 'simpatia' entre os polos, em busca de algo", tendo como matriz "o amor, a humildade, a esperança, a fé, a confiança e a criticidade" (p. 141).

Nesta luta pela humanização, faz-se necessário superar várias formas de opressão, na superação da contradição opressor-oprimido, o que significa buscar a libertação de todos. Isto implica, segundo Freire (2014b, p. 49-50), por um lado, "descobrir-se na posição de opressor" e, por outro lado, reconhecerem os oprimidos "o limite que a realidade opressora lhes impõe" para se tornarem "o motor de sua ação libertadora". O empenho comum só pode ser o de "lutar pela modificação das estruturas", tendo em conta a necessidade da "transformação objetiva da situação opressora", superando toda forma de imobilismo, muitas vezes fruto da domesticação, numa permanência do estado de imersão.

Contrariamente à imersão imobilizadora, requer-se uma inserção crítica que, por sua vez, faz-se ação, tornando-se práxis, sendo esta uma "reflexão e ação dos homens sobre o mundo para transformá-lo", segundo Freire (2014b, p. 52), que complementa: "Sem ela [a práxis], é impossível a superação da contradição opressor-oprimidos". Os proibidos de ser começam a perfazer o caminho do direito de ser, na luta por ser, de ser mais, no sentido da sua humanização, sendo este um caminho pedagógico de luta, fruto de sua conscientização. A educação que acompanha este processo é problematizadora; a humanização é, por sua vez, um processo; esta abre o caminho da libertação à medida que se faz práxis. Educador e educando juntam-se neste quefazer, através de um e mesmo engajamento; forjam-se aqui pesquisadores ou investigadores críticos que, ao invés de manter a *imersão* do povo, buscam "a *emersão* das consciências, de que resulta sua *inserção crítica* na realidade" (FREIRE, 2014b, p. 98). Esta educação problematizadora, longe de apenas dar assistência ao aluno em seu modelo conteudista bancário, é comprometida com a libertação; segundo Freire (2014b, p. 101), ela "se funda na criatividade e estimula a reflexão e a ação verdadeiras dos homens sobre a realidade, responde à sua vocação, como seres que não podem autenticar-se fora da busca e da transformação criadora". Para os que se acham submetidos à dominação, este é um caminho de luta por sua emancipação, que recebe de Freire as seguintes observações:

> Por isso é que esta educação, em que educadores e educandos se fazem sujeitos do seu processo, superando o intelectualismo alienante, superando o autoritarismo do educador "bancário", supera também a falsa consciência do mundo. O mundo, agora, já não é algo sobre que se fala com falsas palavras, mas o mediatizador dos sujeitos da educação, a incidência da ação transformadora dos homens, de que resulte a sua humanização. Esta é a razão por que a concepção problematizadora da educação não pode servir ao opressor. Nenhuma "ordem" opressora suportaria que os oprimidos todos passassem a dizer: "Por quê?"

Freire (2013b, p. 159) sublinha que, "essencialmente, os educadores devem trabalhar muito para que os educandos assumam o papel de sujeitos cognoscentes e possam viver essa experiência de sujeitos". E convida-os a diminuir a distância entre o discurso e a prática, por uma questão de coerência (p. 161). Inclusive, chama a atenção para a distância do "'discurso revolucionário' de certos educadores e sua prática" (p. 162). Não basta elaborar belos discursos, por exemplo, sobre a classe trabalhadora, observando que "esses intelectuais deviam parar de falar *sobre* as classes trabalhadoras e passar a falar *com* elas" (p. 162). Na verdade, Paulo Freire elabora o seu pensamento tendo em conta uma responsabilidade que é ética, histórica, política e social. Não basta querer treinar tecnicamente indivíduos, ajustando-os às demandas do mercado ou à ideologia neoliberal. Deixemos a palavra a Freire (2014f, p. 34):

> Não é possível pensar os seres humanos longe, sequer, da ética, quanto mais fora dela. Estar longe ou, pior, fora da ética, entre nós, mulheres e homens, é uma transgressão. É por isso que transformar a experiência educativa em puro treinamento técnico é amesquinhar o que há de fundamentalmente humano no exercício educativo: o seu caráter formador.

Freire (2014f) observa que sempre pautou seu trabalho, não pela imparcialidade, mas por uma "posição rigorosamente ética" (p. 16), afirmando claramente que seu "ponto de vista é o dos 'condenados da Terra', o dos excluídos" (p. 16). No exercício da tarefa docente, enfatiza a "responsabilidade ética", "não a ética menor, restrita, do mercado, que se curva obediente aos interesses do lucro" (p. 17). Ele fala da "ética universal do ser humano", sem cair na perversão do puritanismo, ciente que será afrontado por diversos tipos de discriminação de raça, de gênero e de classe; esta ética é inseparável da prática, pois deve permear nossas relações, fazer-se testemunha, tendo a ver com coerência, retidão e correção, sendo capaz de viver e aprender com o diferente (p. 17-18). Está convencido da "natureza ética da prática educativa", sem soçobrar diante da "malvadez da ética do mercado" (p. 19). Freire mostra-se muito consciente de que a ética é uma "marca da natureza humana", sendo, ao mesmo tempo, "indispensável à convivência humana", indispensável enquanto sujeitos (p. 19). Afirma: "Não podemos nos assumir como sujeitos da procura, da decisão, da ruptura, da opção, como sujeitos históricos, transformadores, a não ser assumindo-nos como sujeitos éticos" (p. 19).

Essa clareza ética, segundo Freire (2014f), faz parte de uma educação que se constrói na "luta política, consciente, crítica e organizada contra os ofensores" (p. 66), pois é fruto de uma "*inserção* que implica *decisão, escolha, intervenção* na realidade" (p. 75). Não há como ser neutro. "Ninguém pode estar no mundo, com o mundo e com os outros de forma neutra. Não posso estar no mundo de luvas nas mãos *constatando* apenas" (p. 75). A prática educativo-crítica é, para Freire (2014f), uma "forma de intervenção no mundo", explicando que isso "implica tanto o esforço de *reprodução* da ideologia dominante quanto o seu *desmascaramento*" (p. 96). Reconhece, assim, que a educação é dialética e contraditória, pois "neutra, 'indiferente' a qualquer destas hipóteses, a de reprodução da ideologia dominante ou a de sua contestação, a educação jamais foi, é, ou pode ser" (p. 96). Mesmo "se a educação não pode tudo, alguma coisa fundamental a educação pode" (p. 110); ela pode não ter a chave de todas as transformações sociais, mas não é "simplesmente reprodutora da ideologia dominante"; ela pode não ser uma "força imbatível a serviço da transformação da sociedade", mas pode "demonstrar que é possível mudar" (p. 110). Freire (2014e), ao afirmar "a importância do papel da escola", enfatiza a sua capacidade mobilizadora e viabilizadora para o hoje e o amanhã (p. 256). "A força da educação está na sua fraqueza", lembra-nos Freire (2014e), para indicar que "não podendo tudo, pode alguma coisa", cabendo "a educadores e educadoras, enquanto políticos, perceber alguns dos possíveis que, realizados hoje, viabilizam o amanhã" (p. 256).

3
Walter Benjamin e Paulo Freire

Após termos feito um longo percurso de pesquisas em Walter Benjamin e em Paulo Freire, damo-nos conta de que colhemos uma contribuição ímpar destes autores para uma história a partir das vítimas. Saltam aos nossos olhos convergências e transversalidades entre os aportes destes dois autores que nos ajudam a aprofundar o tema em questão, bem como nos são apresentadas contribuições à educação que nos desafiam hoje a retomar a questão das vítimas, dos vencidos como uma realidade atual. Existe, no pensamento de ambos, elementos de rica densidade que dão suporte à luta em favor dos vencidos da história, dos esfarrapados do mundo, tais como a esperança, o sentido redentor e crítico, bem como a compreensão de que estamos em busca constante, num movimento que é descontínuo, ancorado num diálogo permanente.

3.1 Alimentados pela esperança

A esperança, antes de constar como uma prática educativa, é para Freire (2014c, p. 129) "parte da natureza" do ser humano, "como forma de ação especificamente humana"; apresenta-se como uma necessidade ontológica; atravessa a existência humana e a acompanha na história; junta consciência e ação crítica. "Enquanto necessidade ontológica, a esperança precisa da prática para tornar-se concretude histórica" (FREIRE, 1997b, p. 5). Contrapõe-se a toda forma de acomodação, de imobilização da ação, da presença do fatalismo, o que leva Freire (1997b) a apresentar seu livro *Pedagogia da esperança* com as seguintes palavras: "Uma defesa da tolerância, que não se confunde com a conivência, da radicalidade; uma crítica ao sectarismo, uma compreensão da Pós-modernidade progressista e uma recusa à conservadora, neoliberal" (p. 6). Esse livro foi escrito 25 anos depois de *Pedagogia do oprimido*, com a finalidade de retomar as ideias "para re-ver, re-pensar, para re-dizer" (p. 28), tendo em conta a intensidade da experiência que acabara de viver no Chile e que o fazia repensar a experiência brasileira.

Paulo Freire interliga ética, liberdade e esperança, cioso em afirmar que não somos determinados em nossa presença no mundo, admitindo elementos que nos condicionam (genéticos, culturais e sociais), mas que não retiram de nós a responsabilidade, que não nos determinam. Vejamos:

> Como presença consciente no mundo não posso escapar à responsabilidade ética no meu mover-me no mundo. Se sou puro produto da determinação genética ou cultural ou de classe ou de raça sou irresponsável pelo que faço no mover-me no mundo, e se careço de responsabilidade não posso falar em ética nem tampouco em esperança. Num mundo que faltasse a liberdade e tudo se achasse preestabelecido não seria possível falar em esperança. Mais ainda: não seria possível falar em mundo. Isso não significa negar os condicionamentos genéticos, culturais, sociais a que estamos submetidos. Significa reconhecer que somos condicionados mas não determinados; que o condicionamento é a determinação de que o objeto, virando sujeito, se torna consciente. Significa reconhecer que a história é tempo de possibilidade e não de determinismo, que o *futuro* é problemático e não inexorável (FREIRE, 2014c, p. 131).

Paulo Freire situa a esperança como uma matriz que, consciente do inacabamento do ser humano, afirma a sua educabilidade enquanto "permanente processo de esperançosa busca", afirmando que "este processo é a educação" (FREIRE, 2014c, p. 132). O pedagogo brasileiro está ciente das limitações ou dos obstáculos a serem superados, entre os quais destaca as "influências dominantes de concepções fatalistas da história, o poder da ideologia neoliberal, cuja ética perversa se funda nas leis do mercado", para afirmar que "nunca, talvez, tenhamos tido mais necessidade de sublinhar, na prática educativa, o sentido da esperança do que hoje" (p. 132). Salienta, consequentemente, que "mudar é difícil, mas é possível" (p. 132), reconhecendo que existem duas posturas que intervêm enquanto presença no mundo, a progressista e a conservadora. E explica:

> Se progressista, intervenho para mudar o mundo, para fazê-lo menos feio, mais humano, mais justo, mais decente. Se conservador, minha intervenção se orienta na direção da manutenção mais ou menos do que está aí. A mudança por que me bato é a que se faz para que não haja mudanças radicais, substantivas. O amanhã se reduz à quase manutenção do hoje. A esperança, dessa forma não tem sentido (FREIRE, 2014c, p. 133).

O educador progressista, consciente de que "mudar é difícil mas é possível", assume em sua prática uma pedagogia crítica, alimenta o sonho de transformação do mundo, assume a compreensão de história como possibilidade, inserindo-se em ações e políticas pedagógicas coerentes com essa visão. Distingue entre formar e treinar. Para Freire (2014c, p. 134), existe uma "ideologia fatalista, opacizante, contida no discurso neoliberal", que, "despolitizando a educação, a reduz a puro treinamento no uso de destrezas técnicas ou de saberes científicos". Diante disso, é preciso buscar "a atualização do sonho, da utopia da criticidade, da esperança", desafio que Freire resume da seguinte forma: "Enquanto presença na história e no mundo, esperançosamente luto pelo sonho, pela utopia, pela esperança na perspectiva de uma pedagogia crítica. Esta não é uma luta vã" (2014c, p. 134).

A esperança é parte, para o pedagogo brasileiro, de sua radicalidade que, oposta à sectarização, é "sempre democrática, dialógica, portanto nos motiva a ir cada vez mais profundamente à procura da ou das razões de ser das coisas, a não nos satisfazer com a pura aparência das coisas, a recusar a falsidade dos preconceitos" para enfatizar que a "radicalidade exige de nós uma 'convivência' maior com a raiz dos problemas" (FREIRE, 2014g, p. 240). O sectário se fecha, agride, fere quem se apresenta como diferente; prefere ficar trancado na sua verdade.

A luta pela emancipação das classes oprimidas é, por sua vez, a grande aposta de Walter Benjamin. Löwy (2005, p. 26) afirma que "se trata essencialmente de uma *aposta* – no sentido de Pascal – na possibilidade de uma luta emancipadora". Pascal (1671), em sua obra *Pensées*, de caráter apologético-cristão, aconselharia a Benjamin que há mais ganho em acreditar nessa possibilidade do que em não acreditar, pois a razão não alcança de todo tal entendimento. Sendo assim, o mais sábio é viver na esperança desta possibilidade ou na "percepção de sentido e esperança", segundo Pascal (fragmento 233), pois teríamos tudo a ganhar e nada a perder, ou ao menos mais a ganhar ao depositar nela a esperança.

Um sobrevivente de Auschwitz pode ilustrar bem o que Benjamin consegue desentranhar com relação à esperança quando afirmara que "nunca a esperança foi maior" (BOROWSKI, 2004, p. 46) do que no campo de extermínio; isto nos leva ao sentido da redenção (tese 2), ou seja, à história escrita "com conceitos estritamente teológicos" (BENJAMIN, 1991e, p. 589); isto nos leva a buscar compreender e transformar o presente, emprestando nossos ouvidos aos "ecos de vozes que emudeceram" (tese 2). E ao falar em felicidade, Benjamin (2016, p. 242) indica que ela se encontra "indissoluvelmente ligada a da redenção", pois ela remete "às pessoas com as quais poderíamos ter conversado" (tese 2), cujas vozes foram caladas e reclamam seus direitos. "Essa história frustrada tem um direito de ser, de lograr êxito, à felicidade, isto é, de ser redimida" (MATE, 2011, p. 92). Este direito à felicidade é lido por Chenu (1975, p. 112-113) como esperança dos pobres em recuperar a sua dignidade, o que requer, na linha benjaminiana, a escuta dos gritos dos oprimidos, a memória das injustiças passadas, a responsabilidade das gerações atuais em relação às passadas e a escuta de seus direitos em relação ao presente. Como o nosso presente foi construído sobre as suas costas, quando muitos tiveram que morrer derrotados, um eco do passado chega até nós e clama por justiça. Cabe à geração atual exercer, na memória do passado, a sua débil força messiânica para fazer justiça, na linha da redenção, interligando passado e presente como momentos interativos.

Benjamin (2016, p. 242-243), na tese 4 *sobre o conceito de história*, deposita sua esperança na resistência do espírito, pois aí se encontra a possibilidade de resistir ao vencedor, ao opressor de agora e do passado, graças ao capital crítico, "fino e espiritual" da experiência espiritual autêntica. Esta experiência relaciona o fino e espiritual e o rude e material numa luta pelo pão, apontando para a unidade do vivido.

> Por um lado, o espiritual não é um butim a serviço do vencedor, nem sequer um produtor simbólico que possa esvaziar-se num molde secular; por outro, o espiritual é um lugar privilegiado da luta de classes e não um efeito derivado da mesma; nele estão em jogo o fortalecimento ou o enfraquecimento dos mecanismos de poder (MATE, 2011, p. 133).

Benjamin (1991b, p. 18) reconhece que "uma religião ordena forças que, deixadas livres no ar, devem ser temidas", pois é portadora de uma espiritualidade, qual alavanca, capaz de fazer justiça num mundo de miséria e repleto de necessidades. Se comida e vestimenta é o ponto de partida, justamente aí revela-se o "fino e espiritual" que, em sua essência, é comida para todos, pão na boca dos necessitados, vida em meio ao sofrimento advindo dos triunfos dos vencedores. Aí reside a confiança de Benjamin (2016, p. 243), aí ele deposita a esperança de poder "questionar sempre cada vitória dos dominadores" (tese 4). Trata-se de uma luta que deslegitima os triunfos, que persiste na luta pelo pão, debilita os dominadores, mesmo que os que dominam sigam ganhando. Buscando desentranhar o sentido político do pensamento de Benjamin em sua preocupação pelo presente, Mate (2011, p. 136) escreve:

> O historiador benjaminiano não procura conhecer melhor o passado, mas transformar o presente. Contudo, essa vontade de mudança seria impossível se o presente fosse imutável, isto é, se a dominação do homem sobre o homem fizesse parte da natureza das coisas. Essa tentação, em que às vezes caem os representantes da Teoria Crítica, não é compartilhada por Benjamin. Ele crê na liberdade, isto é, no poder de mudar as coisas, inclusive quando essa mudança parece uma quimera. Esse sol, que representa a luta desesperada contra as forças opressoras e contra a resignação dos oprimidos, está se levantando no céu da história porque o simples fato de existir como consciência crítica já mina as bases do poder opressor que deu por liquidado qualquer desponte subversivo.

Benjamin (2016, p. 243), na tese 6, contrapõe-se à concepção historicista do positivismo, que confirma a visão dos vencedores, do progresso ininterrupto, e que é portador do perigo de "entregar-se às classes dominantes, como seu instrumento"; daí porque enfatiza a necessidade, diante de tal perigo, de "tentar arrancar a tradição ao conformismo, que quer apoderar-se dela". Diante do "inimigo que não tem cessado de vencer", Benjamin (2016, p. 244) aponta para "o dom de despertar no passado as centelhas da esperança" que, segundo Löwy (2005, p. 66), podem "incendiar a pólvora no *presente*", apresentando-se como uma "constelação salvadora" que liga o passado, no qual "brilha [...] a estrela da esperança, a estrela messiânica da redenção", ao presente da "centelha da sublevação revolucionária". Diante do perigo iminente, que para Benjamin era o fascismo, o nazismo e o stalinismo, que "não tem cessado de vencer", somos urgidos a identificá-lo em suas roupagens atuais e, segundo Löwy (2005, p. 65), "suscitar o interesse dos vencidos pelo combate, estimular um olhar crítico voltado para a história".

3.2 A crítica à educação burguesa e domesticadora

Movemo-nos aqui no pensamento pedagógico de Walter Benjamin e de Paulo Freire. Se a produção freireana é diretamente vinculada à pedagogia, este não é o caso da obra benjaminiana, na qual não encontramos um tratado específico dedicado à pedagogia. Porém, um e outro alimentam as práticas e os estudos pedagógicos com sua produção e/ou opinião formada sobre as práticas educativas. Ambos nos trazem contribuições que se realizam em diversos contextos, para além da própria escola, no âmbito de uma educação em geral, tocando temas como cultura, educação, alfabetização, inserção social e política, conscientização.

Para Benjamin, a educação é tratada e problematizada num sentido mais geral, justamente quando pensa as relações dos indivíduos com a cultura, focando aí suas análises. Ele atribui à cultura "a responsabilidade na formação da população", o que leva, segundo Colom e Bellester (2016, p. 101), à seguinte postura:

> Temos que transformar as instituições e as práticas culturais para superar a coerção burguesa sobre os indivíduos, porém não para prevenir as neuroses (preocupação freudiana), senão para construir uma sociedade mais justa. A transformação social deve ser um dos objetivos da cultura, da educação.

As referências aos escritos da juventude são mais comuns na área da educação, formando o que Colom e Ballester (2016) chamam de "primeiros pensamentos pedagógicos" de Benjamin, caracterizados pelo "corte idealista, escritos entre 1911 e 1915, quando ele tinha entre 19 e 23 anos" (p. 195). A esta produção e respectivo contexto já nos referimos nesta pesquisa. Existe igualmente, na obra benjaminiana, seus "segundos pensamentos pedagógicos", com um "corte radicalmente distinto dos anteriores, já que se apresentam sob abordagens marxistas" (p. 195), escritos entre 1926 e 1930. Após esta data, "não encontramos em sua ampla bibliografia nenhum texto referido a questões educativas" (p. 195). Colom e Ballester (2016) reconhecem, porém, a grande colaboração que Benjamin oferece a partir de seu novo "registro ideológico, formulando agora uma concepção cultural e humanística da pedagogia" (p. 198), com acento na cultura coletiva e na consciência de classe, constituindo-se numa pedagogia embasada na "crítica cultural e instrumento de transformação social" (p. 198).

Uma crítica contundente é feita à pedagogia da sociedade burguesa, considerada alienante, deformadora e destruidora da pessoa humana que é rebaixada a objeto da classe dominante, a serviço da burguesia. Trata-se de uma pedagogia desumanizadora, que leva ao individualismo, sem que o contexto social seja considerado. Ilhados, os indivíduos são instrumentalizados, domesticados segundo uma "predisposição natural" de integridade, o que mais lembra um ato de poder que se impõe quer sobre as crianças quer sobre os jovens. Pragmática, esta pedagogia busca resultados, pensa apenas o futuro individualizado e aliena-se ante o presente. Suprimido o presente, torna o indivíduo um ser a-histórico, associal e, consequentemente, acrítico. Sem ligação com uma coletividade, a pedagogia transforma-se facilmente em colonização das consciências. Benjamin (2008) a chamará de "pedagogia colonial", ao transformar crianças e jovens em mercadoria oferecida às classes dominantes. Indivíduos associados aos povos primitivos, as crianças, por exemplo, passam a ser submetidas a uma pedagogia do poder, do domínio e da colonização, educadas, segundo Colom e Ballester (2016, p. 200), "sem ter em conta sua verdadeira realidade pessoal e, menos ainda, o contexto social do qual emergem e no qual deveriam formar-se".

Benjamin (2008, p. 105), ao analisar a sociedade burguesa, descreve que a educação e "a cultura juvenil buscam agora realizar esse desesperado compromisso: eliminar o entusiasmo juvenil por meio de reflexões idealistas acerca de si mesmo, para substituir clandestinamente as ideologias formais do idealismo alemão por conteúdos da classe burguesa". Desvaloriza-se a cultura que o indivíduo traz em sua experiência; este, alienado, tem sua experiência falsificada no seio da cultura burguesa à qual se entrega, segundo Benjamin (2013, p. 31), da mesma forma como "os livros e as prostitutas podem ser levados para a cama". Isto aponta para a capitulação da sociedade burguesa, o que soa, segundo Benjamin (2013, p. 43), como um "alarme contra o incêndio", que ele descreve com as seguintes palavras: "Quer a burguesia ganhe, quer ela perca essa luta, ela está condenada a sucumbir às contradições internas que se tornarão fatais ao longo de sua evolução. A questão é apenas a de saber se ela se afundará por si própria ou pela ação do proletariado". Na tese 7 *sobre o conceito de história*, Benjamin (2016, p. 245) é contundente quando afirma:

> Nunca houve um documento da cultura que não fosse simultaneamente um documento de barbárie. E, assim como o próprio bem cultural não é isento de barbárie, tampouco o é o processo de transmissão em que foi passado adiante. Por isso, o materialista histórico se desvia desse processo, na medida do possível. Ele considera sua tarefa escovar a história a contrapelo.

Paulo Freire (2014a, p. 76-83), por sua vez, expõe em sua obra o quanto as elites, na luta por seus privilégios, repelem a participação real do povo e investem pesadamente no silêncio dele e na sua quietude. Todos os que ameaçam tal "ordem" são rotulados de "subversivos" para que nada mude "na exploração de muitos por poucos" (p. 76). Tal sistema discricionário insiste no assistencialismo para manter o povo domesticado, passivo, privando-o de qualquer decisão, retirando-lhe a responsabilidade de fazer sua história. Limita-se sua esfera de apreensão para que responda apenas ao instinto ou na órbita do vegetativo, navegando num mundo mágico, já que não capta a causalidade dos fenômenos, num "incompromisso com a própria existência" (p. 82). "Teme a liberdade, mesmo que fale dela. Seu gosto agora é o das fórmulas gerais, das prescrições, que ele segue como se fossem suas. É um conduzido. Não se conduz a si mesmo. Perde a direção do amor. Prejudica o seu poder criador. É objeto e não sujeito" (p. 86-87). O grande perigo deste quadro é a violência do antidiálogo que ele engendra, travando a consciência em seu desenvolvimento e impedindo qualquer processo de "democratização fundamental" (p. 79).

Neste contexto, a educação é uma doação, um ato de depositar. Freire (2014b) constata que "em lugar de comunicar-se, o educador faz 'comunicados' e depósitos que os educandos, meras incidências, recebem pacientemente, memorizam e repetem" (p. 80), "refletindo a sociedade opressora" pela "cultura do silêncio e a educação bancária" (p. 82). Os interesses dos opressores são garantidos à medida que, nesta prática, "anula-se o poder criador dos educandos", "estimulando sua ingenuidade e não sua criatividade" (p. 83). Não interessa a transformação da situação que oprime; ao contrário, interessa manter cativa a consciência dos oprimidos, que deve ser transformada em dócil para que responda mecanicamente aos comandos de quem as controla.

A ação antidialógica (FREIRE, 2014b, 185-226), própria do dominador, atua para conquistar, marcando a posse do conquistado pelo dominador, "reificando" homens e mulheres; estes, objetos do conquistador, tornam-se seus "hospedeiros". Rouba-se do oprimido a palavra, invade-se sua cultura, tolhe-se sua expressividade, mata-se neles a "ad-miração" do mundo para mitificá-lo. Os mitos, uma vez introjetados pelo povo, facilitam a sua conquista. Vejamos uma descrição de Freire (2014b, p. 188-189) que nós transcrevemos com alguns cortes:

> O mito, por exemplo, de que a ordem opressora é uma ordem de liberdade [...]. O mito de que esta "ordem" respeita os direitos da pessoa humana [...]. O mito de que todos, bastando não ser preguiçosos, podem chegar a ser empresários [...]. O mito do direito de todos à educação [...]. O mito do heroísmo das classes opressoras [...]. O mito de sua caridade, de sua generosidade [...]. O mito de que as elites dominadoras são as promotoras do povo [...]. O mito de que a rebelião do povo é pecado contra Deus. O mito da propriedade privada [...]. O mito da generosidade dos opressores e o da preguiça e desonestidade dos oprimidos. O mito da inferioridade "ontológica" destes e o da superioridade daqueles.

Sempre que a opressão atua, entra em cena outra ação para manter a maioria na opressão que é a divisão do povo, com o objetivo de enfraquecer qualquer forma de união, de organização e de luta, aliás tidas como perigosas. Os problemas não são lidos na sua conjuntura, não se buscam as causas comuns, mas são tidos como casos isolados, desvios da ordem boa e justa. Intensifica-se, assim, a alienação do povo para mais facilmente manter o estado de opressão, fundamental para a ação dominadora. Decorre desta ação, a manipulação pela qual, segundo Freire (2014b, p. 198), "as elites dominadoras vão tentando conformar as massas populares a seus objetivos", apostando na sua imaturidade política, na introjeção dos diversos mitos, estabelecendo pactos que mais servem à classe dominadora, usando de lenitivos contra qualquer forma de organização crítica, consciente e, portanto, problematizadora. A partir deste cenário, fruto da ação antidialógica, as condições são propícias para a invasão cultural que, segundo explica Freire (2014b, p. 205), "é a penetração que fazem os invasores no contexto cultural dos invadidos, impondo a estes sua visão do mundo, enquanto lhes freiam a criatividade, ao inibirem sua expansão". Como tática de dominação, a invasão cultural trabalha com a ideia – mito – da superioridade dos invasores, cabendo aos oprimidos aderirem a eles, pois, enquanto são moldados aos seus padrões e a seus modos de vida. Freire (2014b, p. 208) lembra que as escolas em todos os níveis e as próprias famílias não escapam desta ação invasora, pois "funcionam, em grande medida, nas estruturas dominadoras, como agências formadoras de futuros 'invasores'".

3.3 Educar no sentido redentor e crítico: entre o movimento descontínuo e a renovação constante no diálogo

Fruto de sua conscientização, os oprimidos tomam consciência de que sua tarefa é transformar a realidade opressora, constituindo-se essa numa "tarefa histórica" para mulheres e homens na luta pela modificação das estruturas, na luta por sua libertação, sendo eles mesmos o motor desta ação libertadora pela práxis. Freire (2014b, p. 57) deixa claro que "desvelando o mundo da opressão", os oprimidos "vão comprometendo-se, na práxis, com a sua transformação", a tal ponto que, "transformada a realidade opressora, esta pedagogia deixa de ser do oprimido e passa a ser pedagogia dos homens em processo de permanente libertação". Descortina-se um sentido redentor que, em Freire (1978, p. 40), une salvação e libertação, numa linha profética que, "utópica e esperançosa, recusa os paliativos 'assistencialistas' e os reformismos suavizantes, compromete-se com as classes dominadas para a transformação radical da sociedade". Isso tem desafiado as próprias Igrejas cristãs, como é o caso do contexto brasileiro e latino-americano, a assumirem esta transformação adotando uma visão dialética da realidade, para além do idealismo persistente de que são historicamente portadoras. Para isso, requer-se coragem, decisão e clareza para que se efetive um engajamento coerente com o Evangelho que, na expressão de Freire

(1978, p. 28), já não quer mais "'morrer de frio' no seio quente da burguesia" e não se faz mais um mero eco das ideias necrófilas das elites.

Para educar no sentido libertador, Freire (2014f) enfatiza a necessidade de uma posição que é, ao mesmo tempo, rigorosamente crítica e ética, com a clareza de que o ponto de vista é "o dos 'condenados da Terra', o dos excluídos" (p. 16). A responsabilidade ética, "enquanto marca da natureza humana, enquanto algo absolutamente indispensável à convivência humana" (p. 19), aponta para a irrenunciável "natureza ética da prática educativa", o que faz Freire (2014f, p. 19) afirmar: "Não podemos nos assumir como sujeitos da procura, da decisão, da ruptura, da opção, como sujeitos históricos, transformadores, a não ser assumindo-nos como sujeitos éticos". Coliga-se a isso o desenvolvimento da capacidade crítica e criticizadora, que deve permear "o exercício da capacidade de aprender" (p. 27), enquanto "inquietação indagadora", "curiosidade crítica, insatisfeita, indócil" (p. 33), o que exige rigorosidade metódica e curiosidade epistemológica, sendo fundamental "a reflexão crítica sobre a prática" (p. 40). Para que isso se efetive, faz-se necessário buscar o conhecimento crítico através da conscientização; esta é, para Freire (2014f, p. 54) uma necessidade, até "uma exigência humana", enquanto "*prise de conscience* do mundo, dos fatos, dos acontecimentos", sendo "um dos caminhos para a posta em prática da curiosidade epistemológica". Ela é "*natural* ao ser" (p. 54) e acompanha a habilidade de aprender, na formação do "sujeito crítico, epistemologicamente curioso, que constrói o conhecimento do objeto ou participa de sua construção" (p. 67), sem deixar de ter a clareza de que esta "educação é uma luta política, consciente, crítica e organizada contra os ofensores" (p. 66).

Para Benjamin (2016, p. 248), por sua vez, na tese 12 *sobre o conceito da história*, "o sujeito do conhecimento histórico é a própria classe combatente", sendo ela a que "consuma a tarefa de libertação em nome das gerações de derrotados". O protagonista da história é o oprimido, como em Freire, com a precisão, em Benjamin, de que se trata daquele que luta. Mate (2011), ao comentar a tese 12, afirma: "Não se é sujeito da história por pertencer a uma classe, mas porque se luta" ou "na medida em que se luta" (p. 259). E acrescenta que "há duas operações complicadas que se complementam: descobrir o sentido da vida e realizá-lo", sendo que "esse homem capaz de descobrir o sentido e levá-lo a cabo" é "quem tem a experiência da luta e da opressão" (p. 262). Para Benjamin (1991a, p. 1.243), "a classe oprimida que luta em situação de máximo perigo" é o sujeito da história; em sua experiência, ela detém a "agudeza de sua consciência na hora de captar a crise", pois viveu a opressão, na experiência do sofrimento, da debilidade, da marginalidade, como pobre e vítima. Mate (2011, p. 264), ao tecer seus comentários, deixa claro que "os pobres, os que sofrem, são sujeitos da história porque, de acordo com a lógica desta tese, são os que podem conhecer melhor a gravidade da situação e estão, portanto, mais dispostos a buscar uma solução".

O tema da redenção, presente nas teses 2, 3, 4 e 12 *sobre o conceito da história* e pressuposto em várias outras, encontra em Benjamin um intérprete de primeira grandeza ao apontar que a libertação não se realiza sem a memória do passado. Löwy (2005, p. 109) enfatiza que esta "obra de libertação" a ser realizada pela classe operária, "a última classe que luta contra a opressão", "não pode realizar este papel se esquecer seus ancestrais martirizados: não há luta pelo futuro sem memória do passado". Apontando para o alcance teológico e político desta redenção das vítimas da história, Löwy (2005, p. 112) remete para o conjunto das teses de Benjamin, afirmando:

> O importante, aos olhos do autor das teses, é que a última classe subjugada, o proletariado, vê-se como herdeira de vários séculos ou milênios de lutas, de combates derrotados dos escravos, dos camponeses e dos artesãos. A força acumulada dessas tentativas torna-se a

matéria explosiva com a qual a classe emancipadora do presente poderá interromper a continuidade da opressão. Para eliminar a injustiça presente e arrancar a humanidade da catástrofe, faz-se necessário compreender a história do ponto de vista dos vencidos, integrando nela as vítimas de todas as épocas e lugares na rememoração e na redenção messiânica. Esse novo conceito de história o devemos a Walter Benjamin, através do qual ele remete à reparação (*tikkun*, em hebraico) teológica e profana tanto da desolação e do sofrimento como dos sonhos não alcançados e/ou dos objetivos não realizados pelas gerações vencidas. Implica, ao mesmo tempo, no dizer de Löwy (2005), a "reparação das injustiças passadas e a realização da utopia social" (p. 51); na "humanidade restituída, salva, restabelecida", segundo a versão francesa da tese 3 (p. 56); na fé, na coragem e na perseverança como forças espirituais e morais na luta de classe (p. 59); na transformação do passado, enquanto memória e na transformação do presente, enquanto "realização possível da promessa anterior" (p. 63); na disposição de "atear ao passado a centelha da esperança", incendiando a "pólvora" no presente (p. 66); na "tarefa de escovar a história a contrapelo" (tese 7); na interrupção do cortejo triunfante dos dominadores, mesmo que seja por um instante (p. 85); na desmistificação do progresso como história dada, linear, conformista, inevitável, "natural", homogênea (p. 92-93); na "presença explosiva de momentos emancipadores do passado na cultura revolucionária do presente" (p. 121), na "interrupção revolucionária da continuidade histórica" que se desgasta no prostíbulo do "era uma vez" do cortejo dos vencedores (p. 128); na interrupção messiânica como ruptura histórica e como humanidade libertada (p. 132), captando o "tempo-de-agora" como força redentora (p. 139) nos "estilhaços do tempo messiânico" (p. 140).

Ao apresentar a diversidade dos desdobramentos acima, com suas instigantes reflexões, o pensamento benjaminiano vem marcado por uma errância contínua, o que lembra a ideia judaica de exílio, como descreve Lages (2007), que pondera tratar-se de um pensamento com múltiplas e contraditórias manifestações, por vezes provindo de "seu restrito conhecimento de fontes primárias dos conceitos com que operava" (p. 49). "Talvez se origine daí a força interpretativa de seu texto, de sua corajosa capacidade de ignorar a tradição para reinterpretá-la mais verdadeiramente, mais fielmente" (LAGES, 2007, p. 50). Portador de uma riqueza de *insights*, por vezes perturbadores, temos em Benjamin um pensamento descontínuo que acompanha a própria dinâmica da realidade. Ele não se submete a uma crítica controladora, estando mais facilmente aberto a novos conhecimentos, podendo ampliar horizontes, assumir novas convicções, aberto a rearranjos frequentes em suas ideias. Konder (1999, p. 33) observa que, desta forma, "as ideias já elaboradas dispõem de maiores possibilidades de se combinarem às ideias novas e de sobreviverem, no âmbito de uma dinâmica mais receptiva ao descontínuo". Bussoletti (2010, p. 7), ao comentar o pensamento benjaminiano, afirma: "Trabalhar com o inacabado, com o inconcluso, com o fragmentário, com o associativo, com o desvio e com as imagens dialéticas exige uma pré-disposição à flexibilização e à renovação constante do pensamento e uma sensibilidade crítica e atuante às multiplicidades do real".

No secreto encontro com a "frágil força messiânica" (tese 2), Walter Benjamin é capaz de revelar a totalidade num fragmento, a partir da ideia da mônada, que contém "a imagem abreviada do mundo" (BENJAMIN, 1984, p. 70). Bussoletti e Molon (2010, p. 79) mostram o alcance dessa leitura, assim descrito:

> Os vestígios, as minúcias aparentemente insignificantes e os fragmentos da vida cotidiana são encarados como possibilidades de estudos e de análises dos detalhes e das sutilezas das relações intersubjetivas e das práticas sociais e pedagógicas sem perder a dimensão histórica, uma vez que relaciona presente, passado e futuro aos acontecimentos e permite a valorização do singular

sem perder a noção da totalidade; pois o indício não é visto como um elemento ou objeto isolado, mas em um processo de interconexões de fenômenos e situações, de características coletivas e de manifestações de singularidade que expressam a totalidade.

Walter Benjamin e Paulo Freire perfazem, em suas obras, o caminho da dialética que supõe o diálogo para alcançar uma visão crítica. Isto requer abertura à discussão, à problematização, às controvérsias, às observações que por vezes desagradam e até perturbam, mas que detêm as chaves para abrir horizontes e provocar uma saudável renovação. Konder (1999, p. 16) observa: "Para pensar a mudança e a contradição, o sujeito precisa incorporar as verdades de diferentes 'momentos', a riqueza de experiências que se realizam em condições diversas. O dialético, portanto, não pode deixar de ser um indivíduo capaz de ouvir o outro".

Freire (2014b, p. 226-253) aposta no diálogo entre sujeitos que transformam o mundo em co-laboração, num compromisso com a liberdade, desvelando e problematizando o mundo e si mesmos e permitindo que a práxis possa ser autêntica; um diálogo capaz de fazer da união um caminho para a libertação, reconhecendo o porquê e o como da opressão e da aderência à opressão, desmistificando-a, dando lugar a "uma relação autêntica entre o sujeito e a realidade objetiva" (p. 237); um diálogo que busca a organização do povo, a organização das massas, pois o "esforço de libertação é uma tarefa comum" (p. 240); um diálogo que se coloca a serviço de uma nova síntese cultural, não mais sob o controle da dominação, mas a serviço da libertação das mulheres e dos homens para "superarem as contradições antagônicas de que resulte a libertação" de todos (p. 246) e para superarem a cultura alienada e alienante, com "os atores, fazendo da realidade objeto de sua análise crítica", inserindo-se "no processo histórico como sujeitos" (p. 249).

Conclusão

"Escovar a história a contrapelo" (BENJAMIN, 2016, p. 244, tese 7) a "partir dos condenados da terra", dos "esfarrapados do mundo", dos "demitidos da vida" (FREIRE, 2014b, p. 42), para além da barbárie dos poderosos, nos faz descer do pedestal da história escrita de maneira linear e cômoda para assumir um olhar crítico partindo das contradições de nossa sociedade. Perturbador e causador de perplexidade, este empreendimento deixa de lado a "empatia com o vencedor" (BENJAMIN, 2016, p. 244, tese 7) e passa a ser "solidário com os que caíram sob as rodas de carruagens majestosas e magníficas denominadas Civilização, Progresso e Modernidade" (LÖWY, 2005, p. 73). O horror da "servidão anônima" (BENJAMIN, 2016, p. 245, tese 7), perpetrada através do conformismo, de uma história contata de modo servil e acomodatícia, requer que partamos dos interrompidos em sua história, do ponto de vista dos vencidos como exigência fundamental, sem a identificação com o vencedor.

Num "alarme contra incêndio" (BENJAMIN, 2013, p. 42), somos avisados das contradições internas capazes de fazer sucumbir as pretensões da burguesia na evolução dos acontecimentos. Descortina-se uma nova compreensão da história, crítica e revolucionária face ao "progressismo", porque escrita a partir dos vencidos, contrariamente à tradição conformista de um historicismo, como dissemos, em empatia com o vencedor. Deciframos a barbárie contida, por exemplo, no progresso técnico da Modernidade que vem conjugado com regressão social, como parte de um capitalismo anunciador de catástrofes para as gerações derrotadas, confinadas nos porões da cultura bárbara. Cabe interromper este cortejo dos vencedores quebrando o "contínuo" da barbárie neste tempo da história. A violência dos opressores rouba a humanidade, oprimindo os seres humanos até que criem "aderência" ao próprio opressor, levando a reproduzir a opressão sofrida, numa "consciência hospedeira da opressão", normalizando a submissão e o mutismo (FREIRE, 2014a, p. 96, 100). Urge deter a "morte em vida", a "vida proibida de ser vida", buscando uma revolução "criadora de vida" (FREIRE, 2014b, p. 233), numa luta pela humanização, numa busca da autonomia, numa libertação conquistada; isto realiza-se pelos caminhos da conscientização, enquanto inserção crítica na história, compromisso e engajamento, fruto da práxis na "reflexão e ação dos homens sobre o mundo para transformá-lo" (FREIRE, 2014b, p. 52). Enquanto "primeiro objetivo de toda educação", o processo de conscientização "provoca uma atitude crítica, de reflexão, que compromete a ação" (FREIRE, 2008, p. 46).

Romper a continuidade da opressão requer uma ruptura emancipadora por parte dos oprimidos, instaurando o *kairós*, o tempo pleno da libertação com sua força redentora e reparadora, no cultivo da memória das gerações vencidas e relegadas à desolação e ao sofrimento. Benjamin introduz aqui a compreensão de uma força messiânica que cada um de nós compartilha na rememoração das gerações passadas em vista de um combate emancipador dos oprimidos que o passado nos exige. Sair da situação de mero espectador, acomodado e ajustado, é o caminho que Freire aponta para o oprimido emergir desse estado, captando as contradições de seu tempo e o lugar que ocupa na história para lutar pela sua emancipação num mundo a ser transformado e humanizado (FREIRE, 2014a, p. 61, 70-71); fá-lo-á alimentado pelo diálogo, como "exigência existencial" (FREIRE, 2014b, p. 109). Benjamin e Freire apontam para a inserção lúcida na realidade histórica como uma tarefa que não pode ser adiada, que é "crítica" para "libertar o futuro de sua forma presente desfigurada" (BENJAMIN, 1986, p. 151), dada a "dramaticidade da hora atual" (FREIRE, 2014b, p. 39). Ambos apostam na emancipação dos vencidos, num processo em que importa permanecer "senhor de suas forças" (BENJAMIN, 2016, p. 250), num "quefazer humanista e libertador" (FREIRE, 2014b, p. 105).

Encontramos, igualmente, no pensamento de ambos ligações e religações com a religião. Os rastros desta presença repercutem em suas obras, sendo o judaísmo em Benjamin e o cristianismo em Freire as referências para suas visões de mundo e o modo como vivem o desafio da práxis, como vimos. Benjamin perfaz o caminho da mística, do caminho interior, sem deixar de sublinhar a solidariedade e a necessidade de a religião alcançar o chão, num destaque da teologia e, nela, do messianismo. É capaz de traçar a junção do histórico e do messiânico, estando a teologia no cerne do profano, preservando a possibilidade de salvação ante a ideologia do progresso, das classes dominantes e do fascismo nelas incrustado. Freire, leitor dos grandes pensadores do personalismo cristão, move-se pela concepção que alia um cristianismo social com uma visão integral do ser humano, valorizando-o enquanto ser de relações, estas mediadas pelo necessário diálogo. Discute a missão educativa das Igrejas não como entidades abstratas, mas inseridas na história. Ambos reconhecem a importância da religião, unindo o material e o espiritual, a mundanidade e a transcendentalidade. Se, para Benjamin, a luta é material e a motivação provém do espiritual, contendo algo de contemplativo e algo de ativo a realizar-se no presente (LÖWY, 2005, p. 56), para Freire, a proposta cristã não se realiza na meta-história mas na história, sendo "Deus uma presença na história" (FREIRE, 2014d, p. 131), superando qualquer dicotomia, num compromisso com os oprimidos, em que "crer no povo" é condição prévia a qualquer mudança e o diálogo uma "exigência existencial" (FREIRE, 2014b, p. 66, 109).

Benjamin e Freire apostam numa revolução "criadora de vida", "biófila", engajados no "caminho do amor" (FREIRE, 2014b, p. 76, 233), por "uma vida mais elevada", preservando o "espírito criador", numa "reconstrução integral" enquanto membros de uma "comunidade de criadores que atua através do amor" (BENJAMIN, 2002b, p. 39, 44), sem que nos ajustemos a reboque ou de maneira mecanicista à sociedade liberal e sua "tendência burguesa, indisciplinada e mesquinha" (BENJAMIN, 2002b, p. 34). Parte-se, segundo ambos, da vida espiritual, do amor, apostando na classe trabalhadora que detém um papel redentor, quer "recuperando a humanidade roubada", segundo Freire (2014b, p. 118), quer realizando a missão messiânica em vista da reparação das injustiças e da emancipação dos oprimidos, segundo Benjamin (2016, p. 242, 248, teses 2 e 12).

Numa apropriação da obra de Marx e do marxismo, vemos nossos autores intensificando a percepção crítica das condições concretas da existência humana e suas necessidades, bem como dos fenômenos da sedução do autômato e das visões deterministas que aprisionam o ser humano e cerceiam sua criatividade. Não deixam de captar criticamente o próprio marxismo em suas realizações históricas, como no caso do stalinismo, e em suas compreensões deterministas da história. Ambos realizam uma apropriação livre e até crítica, imprimindo uma ótica própria, sem criar uma dependência face a Marx e o marxismo. Benjamin retém a questão da luta de classes, o fetichismo da mercadoria, adentrando-se no processo de produção do capital e de seu valor mediatizado pelo marcado. Foca o capitalismo moderno, com uma leitura crítica de seu pretendido progresso, bem como da linearidade da compreensão da própria história das filosofias burguesas. Identifica formas de alienação e comportamentos autômatos gerados, bem como o grande número de vítimas da civilização urbana e industrial, sendo notória, para isso, a influência de Lukács. Freire aproxima-se de Marx e do marxismo sem deixar de declinar de suas raízes cristãs, integrando o materialismo histórico progressivamente, sobretudo a partir de suas práticas e reflexões realizadas no exílio, especialmente no Chile. Capta, com isso, as contradições existentes na sociedade, especialmente na exploração dos trabalhadores e na opressão em geral imposta pelas classes dominantes. Enfatiza a práxis, unindo ação e reflexão, enquanto ação permanente com o mundo e sobre ele, em vista de sua transformação, fundado numa consciência crítica capaz de desvelar o mundo (FREIRE, 2011, 30, 46; MAFRA; CAMACHO, 2017, p. 131-132). Ao falar do autômato, Benjamin (2016) aponta para um ser humano destituído de "sabedoria" que está perdendo "a faculdade de intercambiar experiências" (p. 216-217, 213) porque suas memórias encontram-se liquidadas (LÖWY, 2005, p. 194), numa submissão aos comandos do mercado, fácil presa de tiranos. Freire (2014b) tem clareza de que a opressão busca controlar o pensar e o agir, instrumentalizando a própria educação; no entanto, ele apresenta a história como "tempo de possibilidade e não de determinismo" (2014c, p. 131), enfatizando o "movimento permanente de busca" (2014b, p. 40) do ser humano que, inacabado e/ou inconcluso, luta por "ser mais" e vai se "fazendo aos poucos" (2014d, p. 93).

No campo da educação, especificamente, Benjamin e Freire deixam um legado na perspectiva dialético-crítica, numa conexão entre suas biografias e bibliografias. Não faltam críticas à burguesia e seu modelo de sociedade, às classes dominantes e à opressão que estas impõem sobre o povo. Benjamin enfatiza a memória e a experiência como aspectos indispensáveis à educação, ao mesmo tempo em que constata o refreamento da experiência autêntica. Freire (2013a) parte, por sua vez, do conteúdo existencial feito experiência, afirmando que "a leitura do mundo precede a leitura da palavra" (p. 19), o que deve levar a uma "prática consciente" (p. 30); enfatiza outrossim que a inserção social vai de par com a ação política e o desenvolvimento da capacidade ética do ser humano, na luta por sua emancipação. Ambos são alimentados pela esperança. Para Freire (2014c, p. 129), esta faz "parte da natureza" do ser humano, "como forma de ação especificamente humana"; ela "precisa da prática para tornar-se concretude histórica" (1997b, p. 5). Para Benjamin, a esperança faz parte da "aposta" na luta pela emancipação das classes oprimidas, no sentido redentor, na resistência do espírito, capaz de resistir ao opressor, graças ao capital crítico, "fino e espiritual" da experiência espiritual autêntica (BENJAMIN, 2016, p. 242-243).

O sentido redentor e o sentido crítico de Benjamin e de Freire se encontram, ora para valorizar a luta sustentada pela memória do passado, ora para unir salvação e libertação numa linha profética. "Os pobres, os que sofrem, são os sujeitos da história" (MATE, 2011, p. 264), sendo eles mesmos os que assumem a tarefa histórica pela modificação das estruturas, na luta por sua libertação (FREIRE, 2014b, p. 57). O protagonista da história é o oprimido, aquele que luta, que "tem a experiência da luta e da opressão" (MATE, 2011, p. 261). "A classe oprimida que luta em situação de máximo perigo" é o sujeito da história para Benjamin (1991a, p. 1.243). Com Benjamin, podemos afirmar que, para eliminar a injustiça e livrar a humanidade da catástrofe, faz-se necessário compreender a história a partir dos vencidos. Com Freire, educar no sentido libertador requer tomar uma posição crítica e ética a partir dos condenados da Terra, dos esfarrapados do mundo, dos excluídos, para, segundo Benjamin, interromper a catástrofe no *continuum* da história, qual ruptura redentora, na frágil força messiânica que acende a centelha da esperança.

Posfácio

Michael Löwy
Diretor emérito de pesquisas
do Césor (Centre d'Études en
Sciences Sociales du Religieux),
da Ehess – CNRS (École des
Hautes Études en Sciences
Sociales – Centre National de la
Recherche Scientifique), Paris,
França.

Para Nilo Agostini

Existe uma ampla literatura, brasileira e internacional, sobre Walter Benjamin por um lado, Paulo Freire pelo outro. Mas o livro de Nilo Agostini é, a meu conhecimento, a primeira tentativa de comparar os dois autores. Trata-se, portanto, de uma obra pioneira que inaugura um novo terreno de reflexão para a Teoria Crítica da história e da pedagogia.

Sem dúvida, Walter Benjamin e Paulo Freire são pensadores muito diferentes, pelo período histórico em que vivem, por sua situação geográfica, por suas raízes culturais e espirituais. O que podem ter em comum o filósofo judeu da Europa Central dos anos de 1920-1940 e o educador brasileiro dos anos de 1950-1990?

Walter Benjamin é um europeu que praticamente desconhece a América Latina. Entretanto, ele escreveu em 1929 uma interessante resenha da biografia de Bartolomeu de Las Casas pelo historiador francês Marcel Brion: *Bartolomé de Las Casas*: "Père des Indiens". Paris: Plon 1928. Em sua nota, Benjamin denuncia os horrores da conquista ibérica das Américas e elogia o padre dominicano Las Casas, "um combatente heroico na mais exposta das posições", que lutou pela causa dos povos indígenas enfrentando a "razão de estado" do Império Hispânico. Observamos aqui, escreve Benjamin, *uma dialética histórica no campo da moral*: "em nome do cristianismo um padre se opõe às atrocidades (*Greuel* em alemão) que foram cometidas em nome do catolicismo". Temos aqui quase uma intuição da futura Teologia da Libertação.

Os dois pensadores pertencem a universos culturais muito diversos, e as diferenças entre eles são evidentes; esta distância é necessariamente levada em conta neste livro. Mas ainda assim não deixam de existir vários elementos comuns que permitem a sugestiva e enriquecedora comparação proposta por Nilo Agostini. Antes de tudo, ambos compartem um intransigente compromisso com a causa dos oprimidos e explorados, com as vítimas do "progresso" capitalista, com a luta das classes subalternas por sua autoemancipação. Sem este compromisso radical e sem concessões, não se pode entender a filosofia da história "a contrapelo" do pensador judeu alemão ou a pedagogia da libertação do educador cristão brasileiro.

É a partir deste compromisso que ambos vão encontrar no marxismo o instrumento indispensável para o pensamento e para a ação emancipadora. Sem dúvida, sua utilização do materialismo histórico toma formas muito diferentes, em função dos objetivos que cada um se propõe, mas os dois se distanciam das pretensas "ortodoxias", que reduzem o marxismo a uma triste doutrina economicista, a um materialismo vulgar e, muitas vezes, a uma variante "progressista" do positivismo.

Uma das manifestações desta leitura "herética" do marxismo é a integração, por ambos, de uma dimensão religiosa – judaica, para

Walter Benjamin, cristã para Paulo Freire – em sua reflexão sobre a história e sobre a educação. Como se sabe, Benjamin propunha, em seu testamento filosófico, as Teses *sobre o conceito de história* (1940), uma aliança entre a teologia e o materialismo histórico, para vencer o inimigo implacável dos oprimidos: o fascismo. Esta proposta, dificilmente compreensível para a maior parte dos comentadores europeus da obra de Benjamin, teve sua tradução histórica concreta no *cristianismo da libertação*, que surge na América Latina (a começar pelo Brasil) nos anos de 1960, e tem sua expressão sistemática, a partir dos anos de 1970, na Teologia da Libertação. É a este universo de pensamento e ação que pertence toda a obra de Paulo Freire, que encontrou no cristianismo da libertação a fonte de inspiração decisiva de sua pedagogia do oprimido.

A tentativa de combinar materialismo histórico e religião é, portanto, um traço comum a W. Benjamin e P. Freire, que os distingue da vulgata política ou teológica dominante, e constitui o terreno sobre o qual se desenvolvera a reflexão de ambos sobre a filosofia da história e sobre a teoria da educação.

Este livro de Nilo Agostini é muitíssimo atual para o Brasil de hoje, num momento em que paira a ameaça do fascismo e se promove o projeto nefasto de suprimir qualquer vestígio da pedagogia do oprimido das escolas no país. Está na ordem do dia, mais do que nunca, a aliança entre uma teologia emancipadora e o materialismo histórico, entre uma espiritualidade religiosa a serviço dos oprimidos e a teoria revolucionária marxista – a aliança que serviu de horizonte intelectual e político, tanto para Walter Benjamin como para Paulo Freire.

Referências

ADORNO, T.W. *Educação e emancipação*. Trad. Wolfgang Leo Maar. 7. reimpr. São Paulo: Paz e Terra, 2012.

_____. Teoria da Semiformação. In: PUCCI, B.; ZUIN, A.A.S.; LASTÓRIA, L.A.C.N. (orgs.). *Teoria crítica e inconformismo*: novas perspectivas de pesquisa. Campinas: Autores Associados, 2010, p. 7-40.

_____. *Dialética negativa*. Rio de Janeiro: Zahar, 2009.

AGOSTINI, N. *Nova Evangelização e opção comunitária*: conscientização e movimentos populares. Petrópolis: Vozes, 1990.

AGOSTINI, N.; SILVEIRA, C.A. A educação segundo Paulo Freire: da participação à libertação. *Reflexão e Ação*. Santa Cruz do Sul, vol. 26, n. 1, jan.-abr./2018, p. 149-164.

ARENDT, H. *Homens em tempos sombrios*. São Paulo: Companhia das Letras, 1987.

BELLESTER, L.; COLOM, A.J. Juventud y pedagogia (sobre la génesis del pensamiento de Walter Benjamin). *Teor. Educ.*, Palma de Mallorca, vol. 23, n. 1, 2011, p. 71-106.

BENJAMIN, W. *Magia e técnica, arte e política* – Ensaios sobre literatura e história da cultura. Trad. Sérgio Paulo Rouanet. 8. ed. 3. reimpr. São Paulo: Brasiliense, 2016 [Obras Escolhidas 1].

_____. *Enfance berlinoise vers 1900*. Trad. Pierre Rusch, Patricia Lavelle. Paris: Hermann, 2014 [Collection Panim el Panim].

_____. *Rua de mão única* – Infância berlinense: 1900. Trad. João Barrento. Belo Horizonte: Autêntica, 2013.

_____. *Passagens*. Trad. Irene Aron, Cleonice Paes Barreto Mourão, Willi Bolle, Olgária Chain Féres Matos. 2. reimp. Belo Horizonte/São Paulo: UFMG/Imprensa Oficial do Estado de São Paulo, 2009.

_____. Pedagogía colonial. In: *Escritos*. Buenos Aires: Imago Mundi, 2008.

_____. *O conceito de crítica de arte no Romantismo alemão*. Trad. Marcio Seligmann-Silva. 3. ed. São Paulo: Iluminuras, 2002a.

_____. *Reflexões sobre a criança, o brinquedo e a educação*. Trad. Marcus Vinicius Mazzari. São Paulo: Ed. 34/Duas Cidades, 2002b.

_____. *Rua de mão única*. Trad. Rubens Rodrigues Torres Filho, José Carlos Martins Barbosa. 5. ed. 3. reimpr. São Paulo: Brasiliense, 2000.

_____. *Gesammelte Briefe*. Frankfurt: Suhrkamp, 1995, vol. I.

_____. *Gesammelte Schriften*. Erste Auflage. Frankfurt am Main: Suhrkamp, 1991a, Bd. I [Disponível em https://archive.org/details/GesammelteSchriftenBd.1 – Acesso em 26/02/2018].

_____. *Gesammelte Schriften*. Erste Auflage. Frankfurt am Main: Suhrkamp, 1991b, Bd. II [Disponível em https://archive.org/details/GesammelteSchriftenBd.2 – Acesso em 27/02/2018].

_____. *Gesammelte Schriften*. Erste Auflage. Frankfurt am Main: Suhrkamp, 1991c, Bd. III [Disponível em https://archive.org/details/GesammelteSchriftenBd.3 – Acesso em 28/02/2018].

_____. *Gesammelte Schriften*. Erste Auflage. Frankfurt am Main: Suhrkamp, 1991d, Bd. IV [Disponível em https://archive.org/details/GesammelteSchriftenBd.4 – Acesso em 08/04/2018].

_____. *Gesammelte Schriften*. Erste Auflage. Frankfurt am Main: Suhrkamp, 1991e, Bd. V [Disponível em https://archive.org/details/GesammelteSchriftenBd.5 – Acesso em 08/03/2018].

_____. *Gesammelte Schriften*. Erste Auflage. Frankfurt am Main: Suhrkamp, 1991f, Bd. VI [Disponível em https://archive.org/details/GesammelteSchriftenBd.6 – Acesso em 21/03/2018].

_____. *Gesammelte Schriften*. Erste Auflage. Frankfurt am Main: Suhrkamp, 1991g, Bd. VII [Disponível em https://archive.org/details/GesammelteSchriftenBd.7 – Acesso em 30/03/2018].

_____. *Diário de Moscou*. Trad. Hildegard Herbold. São Paulo: Companhia das Letras, 1989.

_____. *Infancia en Berlín hacia 1900*. Madri: Alfaguara, 1987.

_____. *Documentos de cultura, documentos de barbárie*: escritos escolhidos. Trad. Celeste H.M. Ribeiro de Sousa et al. São Paulo: Cultrix, 1986.

_____. *Reflexões*: a criança, o brinquedo, a educação. São Paulo: Summus, 1984a.

_____. *Origem do drama barroco alemão*. São Paulo: Brasiliense, 1984b.

_____. A obra de arte na época de suas técnicas de reprodução. In: *Benjamin, Habermas, Horkheimer, Adorno*. Trad. José Lino Grünewald. São Paulo: Abril, 1980 [Coleção Os Pensadores].

_____. *Sens unique*. Paris: Lettres nouvelles/Maurice Nadeau, 1978.

_____. *A Modernidade e os modernos*. Trad. Heindrun Krieger Mender da Silva, Arlete de Brito, Tania Jatobá. Rio de Janeiro: Tempo Brasileiro, 1975a.

_____. Eduard Fuchs: Collector and Historian. *New German Critique*, n. 5, spring/*1975b*, p. 27-58 [Disponível em https://libcom.org/files/Eduard%20Fuchs,%20Collector%20and%20Historian%20-%20W.%20Benjamin%201937_0.pdf – Acesso em 07/02/2018].

_____. Fragment théologico-politique. In: *Poésie e révolution*. Paris: Denoël/Lettres Nouvelles, 1971a, p. 149-158.

_____. *Mythe et violence*. Paris: Denoël/Lettres Nouvelles, 1971b.

_____. *Theologisch-politisches Fragment*, 1921 [Disponível em http://www.textlog.de/benjamin-theologisch-politisches-fragment.html – Acesso em 15/03/2018].

BENJAMIN, A.; OSBORNE, P. (orgs.). *A filosofia de Walter Benjamin*. Rio de Janeiro: Zahar, 1997.

BETTO, F.; BOFF, L. *Mística e espiritualidade*. 6. ed. Rio de Janeiro: Garamond, 2005.

BOROWSKI, T. *Nuestro hogar es Auschwitz*. Barcelona: Alba, 2004.

BRECHT, B. Ópera dos três vinténs. Trad. Wolfgang Barder, Marcos Roma Santa, Wira Selanski. In: *Teatro completo*. Rio de Janeiro: Paz e Terra, 2004, vol. 3, p. 9-107.

BUBER, M. Mein Weg zum Chassidismus. In: *Ost und West* – Jüdische Publizistik, 1901-1928. Leipzig: Reclam, 1996.

_____. *Judaïsme*. Paris: Verdier, 1982.

BUSSOLETTI, D.M. Fisiognomias: Walter Benjamin e a escrita da história através de imagens. *Estudios Históricos* – CDHRP, Uruguai, n. 5, ano II, nov./2010, p. 1-11 [Disponível em http://www.estudioshistoricos.org/edicion5/0509Fisiognomias.pdf – Acesso em: 13/06/2018].

BUSSOLETTI, D.; MOLON, I. Diálogos pela alteridade: Bakhtin, Benjamin e Vygotsky. *Cadernos de Educação*, Pelotas, n. 37, set.-dez./2010, p. 69-91.

CANTINHO, M.J. O conceito de messianismo na obra de Walter Benjamin: da linguagem pura à história universal. *Cadernos Walter Benjamin*, Anpof, n. 15, jul.-dez./2015, p. 43-61.

_____. Walter Benjamin e a história messiânica contra a visão histórica do progresso. *Philosophica*, Lisboa, vol. 1, n. 37, 2011, p. 177-195.

CERQUEIRA, H. Breve história da edição crítica das obras de Karl Marx. *Revista de Economia Política*, vol. 35, n. 4, out.-dez./2015, p. 825-844.

CHAVES, E. Escovar o judaísmo a contrapelo – Walter Benjamin e a questão da identidade judaica na correspondência com Ludwig Strauss. *Novos Estudos Cebrap*, São Paulo, n. 58, nov./2000, p. 223-240.

CHENU, M.-D. *Jacques Duquesne interroge le Père Chenu*: un théologien en liberté. Paris: Centurion, 1975.

_____. L'Église présente aux détresses et aux espérances du monde. *Témoignage chrétien*, n. 1.032, 16/04/1964, p. 14-15.

COLOM, A.J.; BALLESTER, L. *Walter Benjamin*: filosofia y pedagogia. São Paulo/Barcelona: Cortez/Octaedro, 2016.

FERNANDES, S. Pedagogia crítica como práxis marxista humanista: perspectiva sobre solidariedade, opressão e revolução. *Educação & Sociedade*, Campinas, vol. 37, n. 135, abr.-jun./2016, p. 481-496.

FREIRE, P. *Educação como prática da liberdade*. 36. ed. Rio de Janeiro/ São Paulo: Paz e Terra, 2014a.

_____. *Pedagogia do oprimido*. 57. ed. Rio de Janeiro/São Paulo: Paz e Terra, 2014b.

_____. *Pedagogia da indignação*: cartas pedagógicas e outros escritos. Rio de Janeiro/São Paulo: Paz e Terra, 2014c.

_____. *Política e educação*. Rio de Janeiro/São Paulo: Paz e Terra, 2014d.

_____. *Pedagogia dos sonhos possíveis*. São Paulo: Paz e Terra, 2014e.

_____. *Pedagogia da autonomia*: saberes necessários à pratica educativa. Rio de Janeiro/São Paulo: Paz e terra, 2014f.

_____. *Pedagogia da tolerância*. 3. ed. Rio de Janeiro/São Paulo: Paz e Terra, 2014g.

_____. *A importância do ato de ler*: em três artigos que se completam. 51. ed. 2. reimpr. São Paulo: Cortez, 2013a.

_____. *Alfabetização*: leitura do mundo, leitura da palavra. 6. ed. Trad. Lólio Lourenço de Oliveira. Rio de Janeiro: Paz e Terra, 2013b.

_____. *Extensão ou comunicação?* Trad. Rosiska Darcy de Oliveira. 15. ed. São Paulo: Paz e Terra, 2011.

_____. *Conscientização*: teoria e prática da libertação – Uma introdução ao pensamento de Paulo Freire. São Paulo: Centauro, 2008.

_____. *Educação e mudança*. 30. ed. São Paulo: Paz e Terra, 2007a.

_____. *Paulo Freire e marxismo*, 2007b [Disponível em https://www.youtube.com/watch?v=Uvdc2YlcZkE – Acesso em 01/05/2018].

_____. *Pedagogy of the heart*. Nova York: Continuum, 1997a.

_____. *Pedagogia da esperança*: um reencontro com a pedagogia do oprimido. Rio de Janeiro: Paz e Terra, 1997b.

_____. *Os cristãos e a libertação dos oprimidos*. Lisboa/Porto: Base, 1978.

FREITAG, B. *A Teoria Crítica*: ontem e hoje. São Paulo: Brasiliense, 1986.

FREUD, S. *Totem und Tabu* – Einige Übereinstimmungen im Seelenleben der Wilden und der Neurotiker. Leipzig/Viena/Zurique: Internationaler Psychoanalytischer Verlag, 1924 [Gesammelte Werke in Einzelbänden, Band IX].

FROMM, E. *El corazón del hombre* – Su potencia para el bien y para el mal. Trad. Florentino M. Torner. 1. reimpr. México: Fondo de Cultura Económica, 1967.

FURTER, P. *Educação e vida*. Petrópolis: Vozes, 1966.

GADOTTI, M. (org.). *Paulo Freire*: uma biobibliografia. São Paulo: Cortez/ Instituto Paulo Freire, 1996.

GAGNEBIN, J.-M. Teologia e messianismo no pensamento de W. Benjamin. *Estudos Avançados*, São Paulo, vol. 13, n. 37, set.-dez./1999, p. 191-206.

GALZERANI, M.C.B. Imagens entrecruzadas de infância e de produção de conhecimento histórico em Walter Benjamin. In: FARIA, A.L.G.; DEMARTINI, Z.B.F.; PRADO, P.D. (orgs.). *Por uma cultura da infância*: metodologias de pesquisa com crianças. Campinas: Editores Associados, 2002, p. 49-68.

GERHARDT, H.-P. Paulo Freire (1921-1997). *Perspectives*: revue trimestrielle d'éducation comparée, Paris, Unesco/Bureau International d'Éducation, vol. XXIII, n. 3-4, set.-dez./1993, p. 445-465.

GOMES, L.R. Teoria Crítica e educação política em Theodor Adorno. *Revista HISTEDBR On-line*, Campinas, n. 39, set./2010, p. 286-296.

GOMES, M.S. Infância em Berlim: por uma crítica da nostalgia. In: CAIMI, C.L.; OLIVEIRA, R.P. (orgs.). *Sobre alguns temas em Walter Benjamin*. Porto Alegre: UniRitter, 2015, p. 41-56.

HABERMAS, J. L'actualité de Walter Benjamin – La critique: prise de conscience ou préservation. *Revue d'Esthétique*, n. 1, 1981, p. 107-130.

HAMMAN, A.-G.; QUÉRÉ, F. (orgs.). Grégoire de Nysse, Sermon sur les usuriers (PG 46, 433-452). In: *Riches et pauvres dans l'Église ancienne*. Paris: Migne, 1982, p. 160-169 (Ichtus 6).

HORKHEIMER, M. *Teoria Tradicional e Teoria Crítica*. Coleção os Pensadores. São Paulo: Abril, 1987 [Col. Os Pensadores].

HORKHEIMER, M.; ADORNO, T.W. *Textos escolhidos*. Trad. Zeljko Loparić, Andréa Maria Altino de Campos Loparić, Edgard Afonso Malagodi, Ronaldo Pereira Cunha, Luiz João Baraúna, Wolfgang Leo Maar. 5. ed. São Paulo: Nova Cultural, 1991.

_____. *Dialética do esclarecimento*: fragmentos filosóficos. Trad. Guido Antonio de Almeida. Rio de Janeiro: Zahar, 1985.

HUMBERT, C. *Conscientisation*: expériences, positions dialectiques e perspectives. 2. ed. Paris: L'Harmattan, 1982 [Inodep, Document de travail 3].

HUSSERL, E. *Formale und transzendentale Logik*: Versuch einer Kritik der logischen Vernunft. Friburgo: Max Niemeyer, 1929.

JOÃO XXIII. *Encíclica Mater et Magistra*. Roma: Libreria Editrice Vaticana, 1961 [Disponível em https://w2.vatican.va/content/john-xxiii/pt/encyclicals/documents/hf_j-xxiii_enc_15051961_mater.html – Acesso em 19/03/2018.]

KONDER, L. *O marxismo da melancolia*. 3. ed. Rio de Janeiro: Civilização Brasileira, 1999.

KOSIK, K. *Dialética do concreto*. Trad. Célia Neves, Alderico Toríbio. Rio de Janeiro: Paz e Terra, 2002.

KOTHE, F.R. *Para ler Benajmin*. Rio de Janeiro: Francisco Alves, 1976.

KRAMER, S. Leitura e escrita como experiência: seu papel na formação de sujeitos sociais. *Presença Pedagógica*, vol. 6, n. 31, 2000, p. 17-27.

LAGES, S.K. Entre diferentes culturas, entre diferentes tradições – O pensamento constelar de Walter Benjamin. *Cadernos de Letras (UFRJ)*, vol. 22, jan.-dez./2007, p. 49-67.

LARROSA, J. Notas sobre a experiência e o saber de experiência. *Revista Brasileira de Educação*, n. 19, jan.-abr./2002, p. 20-28.

LÖWY, M. *Judeus heterodoxos*: messianismo, romantismo, utopia. Trad. Márcio Honório de Godoy. São Paulo: Perspectiva, 2012.

_____. "A contrapelo" – A concepção dialética da cultura nas teses de Walter Benjamin (1940). *Lutas Sociais*, n. 25/26, 2º sem. 2010-1º sem. 2011, p. 20-28.

_____. *Romantismo e messianismo* – Ensaios sobre Lukács e Benjamin. Trad. Myriam Vera Baptista e Magdalena Pizante. São Paulo: Perspectiva, 2008.

_____. *Walter Benjamin: aviso de incêndio* – Uma leitura das teses "Sobre o conceito de história". Trad. Wanda Nogueira Caldeira Brant, Jeanne Marie Gagnebin, Marcos Lutz Müller. São Paulo: Boitempo, 2005.

_____. A filosofia da história de Walter Benjamin. *Estudos Avançados*, São Paulo, vol. 45, n. 16, mai.-ago./2002, p. 199-206.

_____. *Redenção e utopia* – O judaísmo libertário na Europa Central: um estudo de afinidade eletiva. Trad. Paulo Neves. São Paulo: Companhia das Letras, 1989.

LUKÁCS, G. *História e consciência de classe*. São Paulo: Martins Fontes, 2003.

_____. *Lenine*. Paris: EDI (Études et Documentation Internacionales), 1965.

MAAR, W.L. Teoria crítica como teoria social. In: PUCCI, B.; COSTA, B.C.G.; DURÃO, F.A. *Teoria crítica e crises*: reflexões sobre cultura, estética e educação. Campinas: Autores Associados, 2012, p. 9-20.

MAFRA, J.F.; CAMACHO, C.M.P. Paulo Freire e o materialismo histórico: um estudo de "Extensão ou comunicação?" *Revista Pedagógica*, Chapecó, vol. 19, n. 41, mai.-ago./2017, p. 118-136.

MARITAIN, J. *Rumos da educação*. Rio de Janeiro: Agir, 1956.

_____. *Humanismo integral*: problèmes temporels et spirituels d'une nouvelle chrétienté. Paris: Aubier-Montaigne, 1936.

MARX, K. *O capital*: crítica da economia política. Rio de Janeiro: Civilização Brasileira, 2002, vol. 1 e 2.

_____. *Líneas fundamentales de la crítica de la economía política (grundrisse)*. Barcelona: Crítica, 1977, vol. 1.

MARX, K.; ENGELS, F. *A ideologia alemã*. Trad. Luciano Cavini Martorano, Nélio Schneider, Rubens Enderle. São Paulo, Boitempo, 2008.

_____. *La Sagrada Família y otros escritos filosóficos de la primera época*. Trad. Wenceslao Roces. 2. ed. México: Grijalbo, 1967.

_____. *Obras escogidas*. Moscou: Progresso, 1966, vol. II.

MATE, R. *Meia-noite na história*: comentários às teses de Walter Benjamin sobre o conceito de história. Trad. Nélio Schneider. São Leopoldo: Unisinos, 2011.

MATOS, O. A rosa de Paracelso. In: NOVAES, A. (org.). *Tempo e história*. São Paulo: Companhia das Letras, 1992, p. 239-256.

MERQUIOR, G. *O marxismo ocidental*. Rio de Janeiro: Nova Fronteira, 1986.

MILMAN, L. Teologia e utopia na concepção da história de Walter Benjamin. *MÉTIS*: história & cultura, Caxias do Sul, vol. 2, n. 3, jan.-jun./2003, p. 235-248.

MISSAC, P. *Passagem de Walter Benjamin*. Trad. Lilian Escorel. São Paulo: Iluminuras, 1998.

MORAES JÚNIOR, M.R. De Marx a Horkheimer: uma história da convergência entre teoria e práxis. *Praxis Filosófica*, nueva serie, n. 34, jan.-jun./2012, p. 119-137.

MOSÈS, S. *Walter Benjamin et l'esprit de la Modernité*. Paris: Cerf, 2015.

MOUNIER, E. *Sombras de medo sobre o século XX*. Rio de Janeiro: Agir, 1958.

_____. *Le personalisme*. Paris: PUF, 1948.

NOBRE, M. *A Teoria Crítica*. 1. ed. 3. reimpr. Rio de Janeiro: Zahar, 2014.

OLIVEIRA, M.A. *A filosofia na crise da Modernidade*. São Paulo: Loyola, 1989.

PASCAL, M. *Pensées sur la religion e sur quelques autres sujets*. 3. ed. Paris: Guillaume Desprez, 1671.

PÉGUY, C. Clio, dialogue de l'histoire et de l'âme païenne. In: *Oeuvres en prose*. Paris: Gallimard, 1968 [Bibliothèque de la Pléiade, 122].

PEREIRA, R.M.R. Um pequeno mundo próprio inserido em um mundo maior. In: PEREIRA, R.M.R.; MACEDO, N.M.R. *Infância em pesquisa*. Rio de Janeiro: NAU, 2012, p. 25-57.

PINHO, A. Da história como ciência e como forma de rememoração: construção salvadora e destruição redentora em Walter Benjamin. *Cadernos Walter Benjamin*, n. 1, jul.-dez./2008, p. 1-20 [Disponível em http://www.gewebe.com.br/pdf/historia2.pdf – Acesso em 25/04/2018].

POE, E.A. *Le joueur d'échecs de Maelzel*. Trad. Charles Baudelaire. Bibebook, 2016 [Disponível em http://www.bibebook.com/files/ebook/libre/V2/poe_edgar_allan_-_le_joueur_d_echecs_de_maelzel.pdf – Acesso em 10/05/2018].

PUCCI, B.; ZUIN, A.A.S.; LASTÓRIA, L.A.C.N. (orgs.). *Teoria Crítica e inconformismo*: novas perspectivas de pesquisa. Campinas: Autores Associados, 2010.

ROZENZWEIG, F. *L'Étoile de la Rédemption*. Trad. Alexandre Derczanski, Jean-Louis Schlegel. Paris: Seuil, 1982.

RUBBO, D. As estruturas de reificação em curso: Walter Benjamin e Guy Debord, leitores de *História e consciência de classe*. *Plural*, São Paulo, vol. 17, n. 1, 2010, p. 9-34.

SANTOS, S.V.S. Walter Benjamin e a experiência infantil: contribuições para a educação infantil. *Pro-Posições*, Campinas, vol. 26, n. 2 (77), mai.--ago./2015, p. 223-239.

SCHOLEM, G. *Walter Benjamin – Gershom Scholem*: correspondência. São Paulo: Perspectiva, 1993.

_____. *Thesen über den Begriff der Gerechtigkeit*, 1919-1925. Arquivo Scholem. Universidade Hebraica de Jerusalém [Disponível em http://www.academia.edu/14580524/Gershom_Scholem_Theses_on_the_Concept_of_Justice._Thesen_%C3%BCber_den_Begriff_der_Gerechtigkeit._Translated_with_the_German_original_by_Eric_Levi_Jacobson – Acesso em 27/02/2018].

SCHULTE, C. (org.). *Deutschtum und Judentum* – Ein Disput unter Juden aus Deutschland. Stuttgart: Reclam, 1993.

SILVA, L.B.O. Apresentação 2: Walter Benjamin. In: AGOSTINI, N.; SILVA, L.B.O. *2ª aula*: 14/03/2017 (policopiado). Itatiba: USF, 2017.

SILVA, P.S. Memória e educação dos sentidos em Walter Benjamin. *Constelaciones* – Revista de Teoria Crítica, Madri, vol. 6, dez./2014, p. 122-143.

SOUZA, M.G. *Tempo do agora*: o *Kairós* de Walter Benjamin [Disponível em https://chacombolachas.wordpress.com/2007/11/07/tempo-do-agora-o-kairos-de-walter-benjamin/ – Acesso em 29/03/2018].

STRECK, D.R.; REDIN, E.; ZITKOSKI, J.J. (orgs.). *Dicionário Paulo Freire*. 2. ed. 1. reimpr. Belo Horizonte: Autêntica, 2010.

TRISTÃO DE ATAÍDE. *Mitos do nosso tempo*. Rio de Janeiro: José Olympio, 1943.

VALE, L.N. *O autômato, o gesto e a alegoria*: Expressionismo e cinema na cultura de Weimar – Leituras a partir de Walter Benjamin e Siegfried Kracauer. Dissertação (Mestrado em Filosofia). Guarulhos: Universidade Federal de São Paulo: 2015.

WOLIN, R. *Walter Bejamin* – An esthetic of redemption. Colúmbia: University Press, 1982.

ZUIN, A.A.S.; PUCCI, B.; RAMOS-DE-OLIVEIRA, N. *Adorno*: o poder educativo do pensamento crítico. 5. ed. Petrópolis: Vozes, 2012.

CULTURAL

Administração
Antropologia
Biografias
Comunicação
Dinâmicas e Jogos
Ecologia e Meio Ambiente
Educação e Pedagogia
Filosofia
História
Letras e Literatura
Obras de referência
Política
Psicologia
Saúde e Nutrição
Serviço Social e Trabalho
Sociologia

CATEQUÉTICO PASTORAL

Catequese
Geral
Crisma
Primeira Eucaristia

Pastoral
Geral
Sacramental
Familiar
Social
Ensino Religioso Escolar

TEOLÓGICO ESPIRITUAL

Biografias
Devocionários
Espiritualidade e Mística
Espiritualidade Mariana
Franciscanismo
Autoconhecimento
Liturgia
Obras de referência
Sagrada Escritura e Livros Apócrifos

Teologia
Bíblica
Histórica
Prática
Sistemática

REVISTAS

Concilium
Estudos Bíblicos
Grande Sinal
REB (Revista Eclesiástica Brasileira)

VOZES NOBILIS

Uma linha editorial especial, com importantes autores, alto valor agregado e qualidade superior.

PRODUTOS SAZONAIS

Folhinha do Sagrado Coração de Jesus
Calendário de mesa do Sagrado Coração de Jesus
Agenda do Sagrado Coração de Jesus
Almanaque Santo Antônio
Agendinha
Diário Vozes
Meditações para o dia a dia
Encontro diário com Deus
Guia Litúrgico

VOZES DE BOLSO

Obras clássicas de Ciências Humanas em formato de bolso.

CADASTRE-SE
www.vozes.com.br

EDITORA VOZES LTDA.
Rua Frei Luís, 100 – Centro – Cep 25689-900 – Petrópolis, RJ
Tel.: (24) 2233-9000 – Fax: (24) 2231-4676 – E-mail: vendas@vozes.com.br

UNIDADES NO BRASIL: Belo Horizonte, MG – Brasília, DF – Campinas, SP – Cuiabá, MT
Curitiba, PR – Fortaleza, CE – Goiânia, GO – Juiz de Fora, MG
Manaus, AM – Petrópolis, RJ – Porto Alegre, RS – Recife, PE – Rio de Janeiro, RJ
Salvador, BA – São Paulo, SP